Najbolja kuharica s bombama od vruće čokolade

100 ukusnih recepata za domaće čokoladne kuglice za udovoljavanje vašoj želji za slatkim

Gabriel Jurić

Materijal autorskih prava ©2023

Sva prava pridržana

Nijedan dio ove knjige ne smije se koristiti ili prenositi u bilo kojem obliku ili na bilo koji način bez odgovarajućeg pisanog pristanka izdavača i vlasnika autorskih prava, osim kratkih citata korištenih u recenziji. Ovu knjigu ne treba smatrati zamjenom za medicinske, pravne ili druge stručne savjete.

SADRŽAJ

SADRŽAJ 3
UVOD 7
1. Matcha Vruće čokoladne bombice 8
2. Cotton Candy čokoladne bombice 10
3. Pumpkin Spice Hot Chocolate Bombs 12
4. Tople čokoladne bombice 14
5. Rainbow White Hot Chocolate Bombs 16
6. Mramorno čokoladno jaje 18
7. Rum Chata Hot Cocoa Bombs 20
8. Candy cane kakao bombe 22
9. Vruće kakao bombe vatrene kugle 24
10. Kakao bombice u obliku srca 26
11. S'mores Hot Cocoa Bombs 28
12. Skellington vruće kakao bombe 30
13. Fruity Pebbles Hot Cocoa Bombs 33
14. Marshmallow čokoladne bombice 36
15. Cappuccino bombe 39
16. Kremaste kave bombe 41
17. Plava bijela Mocha bomba za kavu 43
18. Black Forest Coffee Bomb 45
19. Začinjena meksička moka bomba 47
20. Raspberry Frappuccino bomba 49
21. Neprobojne bombe za kavu 51
22. Instant kapučino od naranče 53
23. Cvjetna čajna bomba 55
24. Čajna bomba sa sirupom od vanilije 57
25. Black Chai Tea Bombs 59
26. Bombe od šećernog čaja 61
27. Rose Hips Green Tea Bomb 63
28. Chai Spritzer bomba od kokosa 65
29. Recept za Irish Crème Coffee Bombs 67
30. Voćni čaj Bomba 69

31. Čajne bombe Earl Grey 71
32. Čajne bombice bez šećera 74
33. Obojene vruće čajne bombice 76
34. Bombe od biljnog čaja 79
35. Koktel fizzer 82
36. Cosmopolitan Fizzy Bombs 84
37. Tequila Sunrise Fizzy Bombs 86
38. Jagoda mimoza 88
39. Krvava Marija 90
40. Margarita Magic Bomb 92
41. Mojito s kokosom 94
42. Piña Colada bomba 96
43. Guava od ananasa 98
44. Gazirana začinjena pivska bomba 100
45. Bellini rumenilo 102
46. Lavanda Lush bomba 104
47. Mamurluk Ugljena bomba 106
48. Limoncello Fizzer 108
49. Staromodno 110
50. Guma bomba 112
51. Rođendanska torta 114
52. Pčelinja koljena 116
53. Berry Smash 118
54. Mojito s jagodama i bosiljkom 120
55. Grapefruit Crush 122
56. Peaches n' Cream Bombs 124
57. Bombe od borovnice 127
58. Krastavac Mint Twist 130
59. Svjetlucave bombice od šećerne vate 132
60. Koolaid bombe 134
61. Bombe od jabukovače s karamelom 136
62. Bomba od šećerne vate 138
63. Azalea bomba 140

64. Mango batida bomba 142
65. Smrznuta bomba od brusnice 144
66. Plava malina bomba 146
67. Malina narančasta bomba 148
68. Bomba s limunom 150
69. Kozmo bomba 152
70. Peacharita bomba 154
71. Passion Hurricane bomba 156
72. Bomba Michelada 158
73. Zombi koktel bomba 160
74. Sazerac Bomba 162
75. Mango mazga 164
76. Citrus Fizz 166
77. Virgin Cucumber Bomb 168
78. Obredna jabučna bomba 170
79. Shirley Ginger 172
80. Margarita od lubenice 174
81. Berry Burlesque 176
82. Limunada od lavande 178
83. Rosemary Blueberry Smash 180
84. Bomba od kokosa, krastavaca i mente 182
85. Bomba od lubenice i mente 184
86. Lemongrass & Jasmine bomba 186
87. Mojito od borovnice 188
88. Bogorodica Paloma 190
89. Wildcat Cooler 192
90. Pivska bomba od ananasa i đumbira 194
91. Seedlip začin i tonik 196
92. Pineapple Cobbler 198
93. Tahićanska kava 200
94. Malina pčelinja koljena 202
95. Pina Serrano Margarita 204
96. Nopaloma bomba 206

97. Revitalizacijska bomba 208
98. Gazirana bomba Arnolda Palmera 210
99. Prosecco Rose 212
100. Bombe s voćnim napitcima 214
ZAKLJUČAK.. 216

UVOD

Jeste li spremni prepustiti se najnovijoj senzaciji koja je osvojila svijet slastica? Tople čokoladne bombe pojavljuju se na svim društvenim mrežama, i to s dobrim razlogom: apsolutno su ukusne! Ove male kuglice dobrote punjene su mješavinom vruće čokolade, marshmallowom i drugim slatkim iznenađenjima koja se otvaraju kad ih prelijete vrućim mlijekom, stvarajući dekadentnu, kremastu šalicu kakaa.

U ovoj kuharici Najbolja kuharica s bombama od vruće čokoladepronaći ćete veliki izbor recepata za sve ukuse i prilike. Bez obzira preferirate li klasične ljute okuse kakaa ili želite eksperimentirati s uzbudljivim novim kombinacijama poput mente, maslaca od kikirikija ili čak začina od bundeve, ova kuharica će vas pokriti.

Naučit ćete sve savjete i trikove koji su vam potrebni za stvaranje savršenih vrućih čokoladnih bombi svaki put, od pravih kalupa za upotrebu do najbolje čokolade za topljenje. Impresionirajte svoje prijatelje i obitelj zapanjujuće ukrašenim bombama, uključujući dizajne s blagdanskom tematikom za Božić, Noć vještica i Valentinovo.

Dakle, zgrabite pregaču i pripremite se za čokoladnu avanturu uz ovu kuharicu bombi s vrućom čokoladom!

Vruće čokoladne bombe, vrući kakao, marshmallows, dekadentno, kremasto, ukusno, recepti, klasično, nove kombinacije, menta, maslac od kikirikija, začin od bundeve, savjeti, trikovi, kalupi, čokolada, ukrašene bombice, blagdanski dizajni, Božić, Noć vještica, Valentinovo, čokoladna avantura..

1. Matcha Vruće čokoladne bombe

IZRAĐUJE: 6 bombi

SASTOJCI:
MATCHA TARTUFI
- 1/4 šalice komadića bijele čokolade
- 1 žlica čvrstog vrhnja za šlag
- 1/4 žličice matcha praha

MATCHA LJUSKA OD BIJELE ČOKOLADE
- 3/4 šalice komadića bijele čokolade
- 1 i 1/2 žličice matcha praha

OPREMA:
- Kalupi polusfere

UPUTE:
MATCHA TARTUFI
- ☑ Otopite bijelu čokoladu, vrhnje za šlag i matcha prah zajedno u maloj posudi prikladnoj za mikrovalnu pećnicu na 60 sekundi.
- ☑ Pokrijte i stavite u hladnjak ili zamrzivač na 30-45 minuta, ili dok se potpuno ne stegne.
- ☑ Grabite 1 žličicu odjednom, zarolajte i stavite na pladanj.

MATCHA ŠKOLJKE
- ☑ U srednjoj posudi za miješanje pomiješajte bijelu čokoladu i matcha prah. Pecite u mikrovalnoj dok se ne otopi.
- ☑ Kad se čokolada otopi, stavite žlicu u svaku šupljinu kalupa.
- ☑ Stražnjom žlicom rasporedite čokoladnu smjesu po stijenkama svakog kalupa.
- ☑ Zamrznite kalup na 15 minuta ili dok se školjke potpuno ne stvrdnu.

ZA SASTAVLJANJE
- ☑ Stavite jednu od praznih čokoladnih kupola na lagano zagrijanu posudu. U to stavite matcha tartuf pa skuhajte drugu polovicu i spojite ih.
- ☑ Preostalu bijelu čokoladu otopite u plastičnoj vrećici i lagano prelijte preko matcha bombica od vruće čokolade.
- ☑ Držite u hladnjaku u hermetički zatvorenoj posudi do tjedan dana.

2. Cotton Candy čokoladne bombice

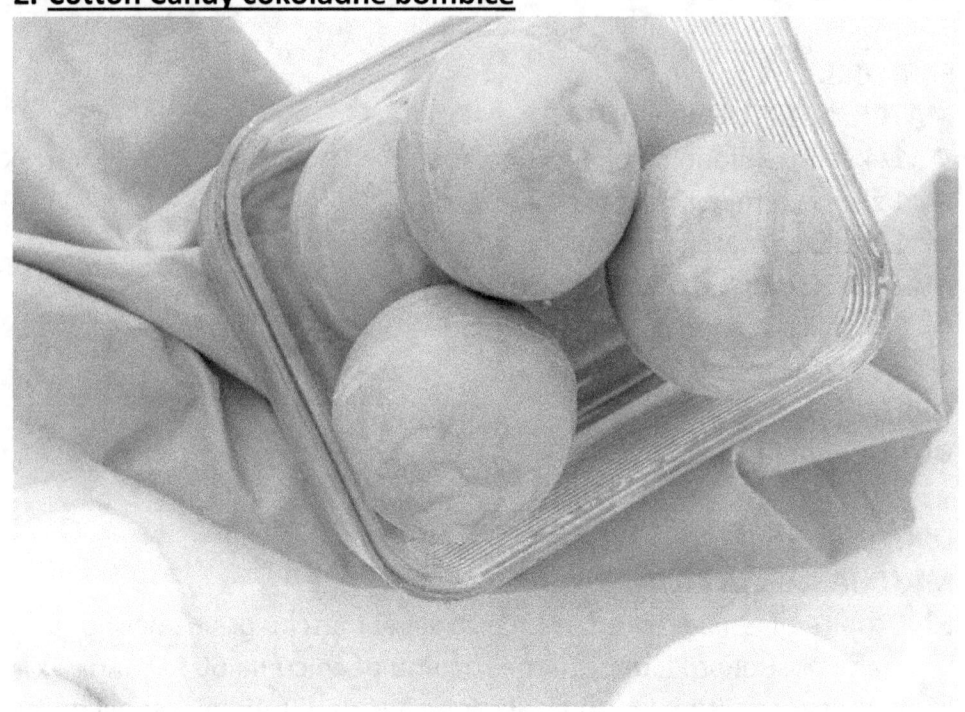

PRAVI: 5 bombi

SASTOJCI:
- 6 žlica mješavine mlijeka od jagoda
- 1 šalica ružičastih bombona se topi, rastopljena
- Šećerna vuna
- 1 šalica plavih bombona topi se, rastopljena
- ½ šalice mini marshmallowa

OPREMA:
- Silikonski kalup

UPUTE:
- ☑ Svaki kalup za polukuglu napunite sa 1 žlicom svake boje.
- ☑ Da biste stvorili izgled mramora, pomiješajte boje stražnjom stranom žlice i ravnomjerno ih rasporedite po kalupima.
- ☑ Stavite u hladnjak da se stegne 8 minuta.
- ☑ Pažljivo izvadite kuglice iz kalupa kada se stvrdnu.
- ☑ Prelijte 6 kuglastih polovica s 1 žlicom mlijeka od jagoda.
- ☑ Na vrh pospite malo šećerne vune i nekoliko malih marshmallow listića.
- ☑ Stavite malu posudu u mikrovalnu 45 sekundi da je prethodno zagrijete.
- ☑ Jednu od praznih polovica kugle treba nakratko staviti na tanjur kako bi se rubovi otopili i stvorilo ljepilo.
- ☑ Poravnajte odgovarajuće ispunjene polusfere
- ☑ Za posluživanje pomiješajte s 6 unci vrućeg mlijeka ili vode.

3. Tople čokoladne bombe sa začinima od bundeve

PRAVI: 3 bombe

SASTOJCI:
- 1 1/2 šalice bijelih slatkiša rastopljenih
- 1/4 šalice narančastog bombona otopi se
- 3 paketića mješavine vruće čokolade sa začinima od bundeve
- 1/4 šalice Mini marshmallow kolačića

OPREMA:
- Silikonski kalup za sfere

UPUTE
- U svaku lopticu žličicom staviti jednu i pol žličicu čokolade.
- Žlicom ili kistom zagladite i premjestite čokoladu po kalupu da je potpuno prekrije.
- Stavite u hladnjak na oko pet minuta.
- Nakon što se čokolada stvrdne pažljivo je izvadite iz kalupa.
- Dodajte marshmallows u tri čokolade nakon dodavanja vruće čokoladne smjese.
- Zagrijte jelo koje se može zagrijati u mikrovalnoj pećnici.
- Na tanjur stavite praznu čokoladicu, a zatim otopite rubove.
- Namjestite ga na vrh pune okrugle tople čokolade.
- Zatim, koristeći čokoladu kao ljepilo, nježno gurnite dijelove zajedno.
- Ulijte narančinu čokoladu u vrećicu, a zatim dodajte žice na vrh bombe.

4. Tople čokoladne bombe

PRAVI: 4 bombe

SASTOJCI:
- 2 šalice otopljene čokolade
- 3 paketa vruće mješavine kakaa

PRELJEVI
- Mini marshmallows
- Prskalice
- Komadići karamele

UPUTE
- ☑ Žlicom ulijte otopljenu čokoladu u kalupe, zaglađujući je po rubovima dok se potpuno ne obloži.
- ☑ Ohladite čokoladu oko 30 minuta, odnosno dok potpuno ne očvrsne.
- ☑ Napunite kalup vrućom mješavinom kakaa i ostalim sastojcima.
- ☑ Preostalu čokoladu prelijte na vrh bombica kako biste zatvorili njihovu "leđinu".
- ☑ Kalup stavite u hladnjak dok se čokolada ne stegne.
- ☑ Bombu poslužite u šalici s vrućim mlijekom i miješajte dok se ne otopi.

5. Rainbow White Hot Chocolate Bombs

PRAVI: 12 bombi

SASTOJCI:
- 16 unci nasjeckane bijele čokolade, otopljene
- ½ šalice Mini marshmallowa
- 6 paketića mješavine bijele tople čokolade
- ½ šalice Lucky Charms Marshmallow kolačića
- Prskalice

UPUTE:
- ☑ Žlicom stavite otprilike 1 žlicu otopljene čokolade u svaki kalup i zagladite stražnjom stranom žlice.
- ☑ Ostavite 10 minuta da se zamrzne.
- ☑ Izvadite kalupe iz zamrzivača, a čokoladne kore izvadite iz kalupa.
- ☑ Polovice stavite na vrući ravni tanjur da poravnate rubove.
- ☑ Svaku udubinu napunite paketićem marshmallow kolačića i mješavinom vrućeg kakaa.
- ☑ Zagrijte tanjur u mikrovalnoj pećnici dvije minute.
- ☑ Stavite preostale dijelove, jedan na drugi, i lagano ih pritisnite jedan za drugog da se zatvore.
- ☑ Poslužite uz šalicu vrućeg mlijeka.

6. Mramorno čokoladno jaje

PRAVI: 3 bombe

SASTOJCI:
- 10 žlica bijele čokolade, otopljene
- Razni bomboni
- Bojanje hrane

UPUTE:
- ☑ Da biste napravili željene boje, pomiješajte 1 žlicu otopljene čokolade s raznim prehrambenim bojama.
- ☑ Silikonski kalup za jaja do pola napunite čokoladom u boji. Da biste napravili mramorni dizajn, promiješajte boje čačkalicom.
- ☑ Otopljenu bijelu čokoladu prelijte po vrhu kalupa i rotirajte ga da se potpuno obloži. Pustite da se potpuno ohladi prije nego što ga izvadite iz kalupa.
- ☑ Zagrijte metalnu tavu i pritisnite polovicu svakog jajeta na nju dok se rubovi ne počnu topiti.
- ☑ Punite različite bombone što je brže moguće, a zatim pritisnite dva dijela jedan uz drugi dok se potpuno ne zatvore.

7. Rum Chata vruće kakao bombe

PRAVI: 3 bombe

SASTOJCI:
- 12 unci bijele čokolade za topljenje
- 6 žlica ruma Chata
- 2 paketa vruće mješavine kakaa
- 1 šalica Mini marshmallowa
- 6 šalica vrućeg mlijeka

OPREMA:
- 1 set silikonskih kalupa

UPUTE:
- ☑ Žlicom stavljajte čokoladu u kalupe, pazite da obložite unutrašnjost i ostavite 15 minuta da se stegne.
- ☑ Izvadite čokoladu iz kalupa.
- ☑ Otopite polovicu rubova kuglice.
- ☑ Izvadite, raširite po limu za kolačiće i pospite kakaom u prahu, rum chata i minijaturnim kolačićima od marshmallowa.
- ☑ Otopite samo rubove preostale polovice čokoladnih kuglica i stavite je na vrh jedne od čokoladnih kuglica, napunite je kakaom ili drugim sastojcima da napravite vrh kuglice ili bombe.
- ☑ Nakon što se napune i otope zajedno, stavite kakao bombice u hladnjak na 30 minuta ili dok se čokolada potpuno ne stegne.
- ☑ Odozgo prelijte toplim mlijekom.
- ☑ Dodajte kakao prah i poslužite!

8. Candy kakao bombe

IZRAĐUJE: 6 bombi

SASTOJCI:
- 1/4 šalice zdrobljenih bombonjera
- Mini bombonjera posipa
- 1/2 šalice mješavine kakaa iz trgovine
- 12 unci svijetlo bijelih slatkiša koji se tope, temperirani
- 1/2 šalice dehidriranog mini marshmallowa
- 1/4 žličice aromatiziranog ulja paprene metvice
- Preljevi za torte u obliku štapića
- Pepermint marshmallows

UPUTE:
- ☑ Otopiti čokoladu i začiniti je po ukusu aromatiziranim uljem.
- ☑ Ulijte 1-2 žličice otopljene čokolade u svaki kalup i izgladite kistom ili stražnjom stranom žlice kako bi čokolada prekrila cijeli kalup i proširila se na stijenke.
- ☑ Ostaviti 5 minuta u hladnjaku.
- ☑ Pažljivo uklonite kalup.
- ☑ Za vrhove odvojite 6 kora.
- ☑ Rastopite rubove 6 donjih školjki.
- ☑ U svaku ljusku dodajte 1 žlicu mješavine bijelog kakaa, obilnu količinu posipa od bombona, marshmallow od paprene metvice, preljev za slatkiše u obliku štapića i nekoliko osušenih mini marshmallowa.
- ☑ Otopite rubove vrhova i pričvrstite ih na preostale školjke.
- ☑ Začinite vrućim mlijekom.
- ☑ Pripremljene čokoladne bombice čuvajte u hermetički zatvorenoj posudi na sobnoj temperaturi do dva tjedna.

9. Vruće kakao bombe vatrene kugle

IZRAĐUJE: 6 bombi

SASTOJCI:
- Otopljene napolitanke od 7 oz mliječne čokolade za topljenje
- 6 žlica vruće mješavine kakaa
- 2 čašice viskija Fireball
- Crveni džempi
- Zlatna mješavina za posip
- Semi Sphere silikonski kalup

UPUTE:
- ☑ Svaku šupljinu kalupa napunite žlicom otopljene čokolade.
- ☑ Žlicom ili četkom za tijesto ravnomjerno rasporedite čokoladu u šupljinu kalupa.
- ☑ Stavite u zamrzivač na pet minuta.
- ☑ Dodajte Fireball Whisky i vruću mješavinu kakaa u veliku posudu za miješanje i dobro promiješajte.
- ☑ Odrežite vrh vrećice s patentnim zatvaračem ili slastičarske vrećice i u nju ulijte preostalu otopljenu čokoladu.
- ☑ Stavite malo jelo u mikrovalnu.
- ☑ Smjesom Fireball i kakaa napunite 6 čokoladnih polukuglica.
- ☑ Dodajte smjesu Fireball/kakao u 6 čokoladnih polukuglica.
- ☑ Stavite praznu polukuglu naopako na grijaću ploču i polako je pomičite okolo da se rub otopi.
- ☑ Pričvrstite na čokoladnu polukuglu koja ima kakao ili vatrene kugle.
- ☑ Za posluživanje dodajte 6 oz vruće vode ili mlijeka u šalicu, dobro promiješajte i zatim pijuckajte.

10. Kakao bombice u obliku srca

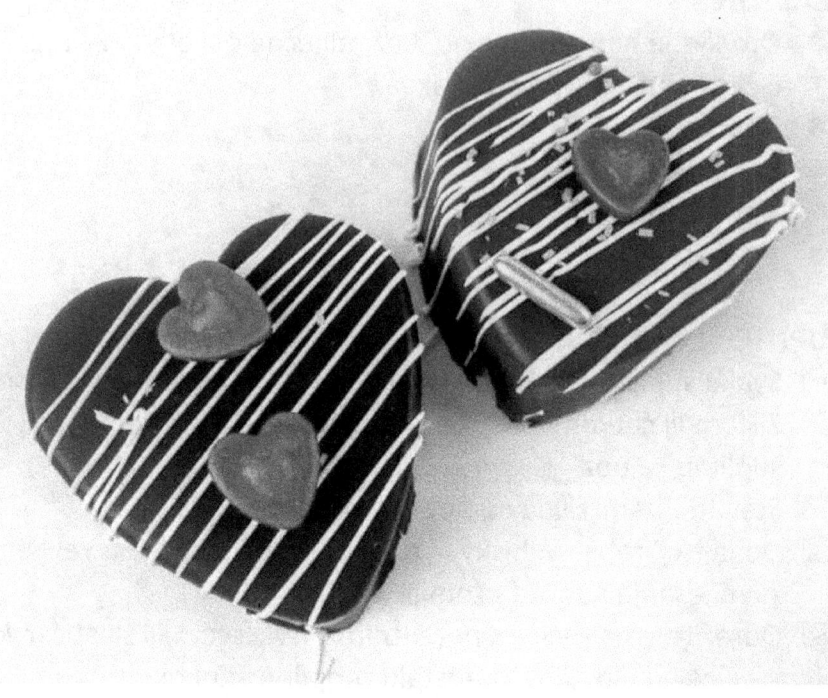

IZRAĐUJE: 6 bombi

SASTOJCI:
TOPLA ČOKOLADA U PRAHU:
- ¼ šalice nasjeckane bijele čokolade
- 1 šalica super finog šećera
- ½ šalice nezaslađenog kakaa u prahu
- 2 žlice mlijeka u prahu

BOMBE OD VRUĆE ČOKOLADE:
- 1 šalica vruće čokolade u prahu
- 16 unci kore bijele čokolade, otopljene
- ¼ šalice mini marshmallowa

UPUTE
TOPLA ČOKOLADA U PRAHU:
- ☑ Pomiješajte sve sastojke za čokoladu u prahu u maloj posudi.

BOMBE OD VRUĆE ČOKOLADE:
- ☑ Svaku rupicu kalupa u obliku srca napunite žlicom ili slastičarskom četkicom s 2-3 žlice otopljene bijele čokolade.
- ☑ Ohladite oko 5 minuta, ili dok se potpuno ne stvrdne.
- ☑ Izvadite čokoladne kore iz kalupa i jednu stranu nadjenite marshmallowom i dvije žlice vruće čokolade u prahu.
- ☑ Zagrijte tavu koja se ne lijepi.
- ☑ Stavite rub prazne školjke na površinu na 3 do 5 sekundi, odnosno dok rub ne počne omekšavati.
- ☑ Nježno gurnite dvije školjke zajedno kako biste stvorili pečat.
- ☑ Stavite zatvorenu bombu natrag u hladnjak na pet minuta da se može stvrdnuti.
- ☑ Poslužite uz šalicu vrućeg mlijeka.

11. S'mores vruće kakao bombe

PRAVI: 6 vrućih kakao bombi

SASTOJCI:
- 3 šalice otopljene kore badema od bijele čokolade
- 1 1/2 šalice vruće mješavine kakaa - podijeljeno
- Mini marshmallows - 5 za svaku bombu - 30 ukupno
- 1 šalica čokolade - otopljene - za vrhunsku dekoraciju
- Mini Marshmallows - tostirani - za vrhunsku dekoraciju.
- 1 omot Graham krekera - polovice
- 3 Hershey's Chocolate barovi - slomljeni u komadiće na perforacijama

UPUTE:
- ☑ Stavite koru badema od bijele čokolade u zdjelu prikladnu za mikrovalnu pećnicu i stavite je u mikrovalnu pećnicu u intervalima od 15 sekundi dok se čokolada ne otopi. Između intervala promiješajte.
- ☑ Žlicom stavljajte bijelu čokoladu u kalup, toliko da dno i stranice prekrije debeli sloj čokolade. Pustite na sobnoj temperaturi oko 30 minuta, a zatim u hladnjaku još 30 minuta da se čokolada potpuno stegne.
- ☑ Izvadite iz hladnjaka i napunite polovicu kalupa s 1/4 šalice Hot Cocoa Mixa i Mini Marshmallowa.
- ☑ Izvadite drugu polovicu čokolade iz kalupa, nježno zagrijte rubove u maloj neprianjajućoj tavi ili na ringli da se rub čokolade jedva otopi, i zalijepite vrh kalupa za dno kalupa, zatvorivši ih otopljenu čokoladu.
- ☑ Ponovno stavite u hladnjak na 30 minuta, da se čokolada stegne.
- ☑ Izvadite čokoladnu bombu iz hladnjaka, pokapajte otopljenu čokoladu preko S'mores Hot Cocoa Bombs, stavite komadić čokolade na vrh i stavite 3 mini tostirana marshmallowa na vrh.
- ☑ Stavite komadić čokolade na vrh Graham Cracker kvadrata i zalijepite dva komada zajedno. Na čokoladu stavite još jednu kuglicu čokolade i na vrh zalijepite toplu kakao bombu.
- ☑ Za posluživanje ulijte vruće mlijeko i pustite da se otopi, promiješajte i uživajte!

12. Skellington vruće kakao bombe

Pravi: 8-10 vrućih kakao bombica

SASTOJCI:
- Vrećica od 1 - 30 oz bijele čokolade za topljenje
- 2 šalice vruće mješavine kakaa i začina od bundeve
- 1 šalica mini marshmallowa
- 1 boca crne glazure za kolačiće

UPUTE:
- ☑ Papirnatim ručnikom ili čistom kuhinjskom krpom obrišite unutrašnjost silikonskih kalupa. To će omogućiti da vaš kalup za čokoladu ima sjajni omotač
- ☑ Koristeći zdjelu zaštićenu od topline, ulijte u zdjelu i stavite preostale otopljene oblatne u mikrovalnu pećnicu na intervale od 45 sekundi. Obavezno promiješajte čokoladu svakih 45 sekundi dok se potpuno ne otopi i postane glatka
- ☑ Žličicom u kalup unesite oko 1-2 žlice čokolade
- ☑ Pažljivo vrteći čokoladu kako bi potpuno obložila unutrašnjost kalupa
- ☑ Lagano istresite višak čokolade natrag u posudu
- ☑ Obložene kalupe stavite u hladnjak na 5-10 minuta
- ☑ Izvadite iz hladnjaka i nježno odvojite silikonski kalup od stvrdnute čokoladne ljuske
- ☑ Pažljivo postavite kalup na lim za kekse
- ☑ Ponovite korake s preostalim kalupima
- ☑ Sada biste trebali imati 8 polusfernih kalupa
- ☑ Pažljivo uzmite otvorenu stranu sfere i stavite je na posudu kako biste otopili neravne rubove i stvorili glatke rubove
- ☑ Postavite ljusku natrag na lim za kolačiće i ostavite rub da se stvrdne
- ☑ Zagrabite otprilike 1 žlicu vruće mješavine kakaa i začina bundeve na dno okruglog kalupa
- ☑ Stavite nekoliko mini marshmallowa u školjku
- ☑ Vratite vrh školjke na toplu tavu da se rubovi otope nekoliko sekundi

- ☑ Otopljene rubove brzo stavite na napunjenu školjku i nježno pritisnite
- ☑ Istisnite glazuru od keksa u vrećicu i odrežite vrh.
- ☑ Pažljivo nacrtajte detalje lica Jacka Skellingtona.
- ☑ Ostavite glazuru da se stvrdne prije uživanja u čaši mlijeka na pari!

13. Fruity Pebbles Hot Cocoa Bombs

Proizvodi: 6

SASTOJCI:
- 2 šalice bijelih napolitanki za topljenje s okusom vanilije
- ¼ šalice plavog slatkiša se topi
- ¼ šalice ljubičastog slatkiša se topi
- ¼ šalice ružičastog slatkiša se topi
- 6 žlica mlijeka s jagodom i čokoladom u prahu
- 1 šalica žitarica s voćnim kamenčićima
- ½ šalice mini marshmallowa
- Silikonski kalup polusfere
- Kist za tijesto

UPUTE:
- ☑ U zdjeli srednje veličine, prikladnoj za mikrovalnu pećnicu, otopite bijele oblatne koje se tope u koracima od 30 sekundi, miješajući između njih da ne zagore. To bi trebalo trajati samo 60-90 sekundi.
- ☑ Nakon što se otopi, ravnomjerno premažite svaki kalup s otprilike 2 žlice pomoću slastičarske četke ili žlice.
- ☑ Kad su kalupi obloženi, stavite ih u hladnjak na 10-15 minuta dok se čokolada ne stvrdne.
- ☑ Izvadite iz hladnjaka i nanesite drugi sloj čokolade i ostavite da se ponovno stegne. Zatim svaku polukuglu nježno izvadite iz kalupa i ostavite sa strane.
- ☑ U 3 male zdjelice prikladne za mikrovalnu pećnicu, otopite svaki od obojenih slatkiša u koracima od 30 sekundi, miješajući između njih. To bi trebalo trajati samo oko 30-60 sekundi.
- ☑ Odvojite 6 polovica kugle, a ostalih 6 ostavite za dno. Jedan po jedan, uzmite šest vrhova i četkom za tijesto premažite tanki sloj obojenih bombona i otopite ih na vanjskoj strani svake polukugle.
- ☑ Brzo umočite u voćne kamenčiće ili nježno pritisnite žitarice na polukuglu i ostavite dok se ne stvrdnu.
- ☑ U ostalih 6 običnih bijelih polovica žlicom dodajte 1 žlicu mlijeka od jagode i čokolade u prahu. Na vrh stavite ½ žlice ili više

žitarica s voćnim kamenčićima i nekoliko mini marshmallow kolačića.
- ☑ Zagrijte mali tanjur prikladan za mikrovalnu pećnicu u mikrovalnoj pećnici oko 45-60 sekundi. Praznu, "obojanu" polovicu stavite na nekoliko sekundi na topli tanjur da se rub otopi. Topli, otopljeni rub djeluje kao ljepilo.
- ☑ Odmah ga postavite na vrh koordinirane, ispunjene polusfere. Prijeđite čistim prstom po rubu da ga očistite. Završite spajanje ostalih 5 sfera.
- ☑ Poslužite i uživajte ili zapakirajte i koristite kao dar!

14. Marshmallow čokoladne bombice

Izrada: 8 bombi

SASTOJCI:
- 6 unci nasjeckane čokolade ili čokoladnih komadića
- 1 ½ žlica kakaa u prahu
- 1 ½ žlica granuliranog šećera
- 1/4 šalice dehidriranih komadića marshmallowa
- 1/4 šalice nasjeckane kontrastne čokolade za prelijevanje

UPUTE:
- ☑ Otopite 4 unce (oko 2/3 šalice) čokolade, zatim ulijte 1 čajnu žličicu otopljene čokolade u svaku od 16 šalica u silikonskom kalupu.
- ☑ Koristite poleđinu male žličice, kao što je mjerna žličica od 1/4 čajne žličice, da gurnete otopljenu čokoladu uz rubove i oko rubova svake šalice da je u potpunosti prekrije.
- ☑ Otopite preostale 2 unce (1/3 šalice) čokolade i ponovite postupak. Ovaj put ulijte samo 1/2 žličice otopljene čokolade u svaku šalicu i radite s jednom po jednom šalicom kalupa, ulijevajući čokoladu i razmazujući je po stranicama i rubovima, jer će se brzo stvrdnuti kada dođe u dodir sa smrznutom čokolada. Važno je osigurati da su stranice kalupa dobro obložene i da imate lijep debeli sloj čokolade—to će spriječiti pucanje.
- ☑ Zamrznite kalup(e) još 5 minuta.
- ☑ Pomiješajte kakao prah i granulirani šećer u maloj posudi kako biste dobili vruću čokoladnu smjesu. Mali lim za pečenje s rubovima obložite papirom za pečenje i na vrh stavite naopako okrenutu rešetku. Tako ćete spriječiti da se čokoladne kore kotrljaju dok ih punite.
- ☑ Izvadite čokoladne kore iz kalupa. To je lukav proces, stoga ne žurite. Palčevima nježno odlijepite silikon s rubova čokolade, a zatim kažiprstima gurnite prema gore od dna kalupa kako biste podigli ljusku.
- ☑ Ako na ljusci postoje male pukotine ili neravni rubovi, ne brinite. Oni će biti izglađeni u sljedećem koraku.

- ☑ Napunite vruće čokoladne bombice:
- ☑ Zagrijte tanjur prikladan za mikrovalnu pećnicu u mikrovalnoj pećnici samo dok se ne zagrije, oko 30 sekundi. Stavite 1 čokoladnu koru, s otvorenom stranom prema dolje, na topli tanjur i otopite rubove dok ne budu ravni.
- ☑ Pažljivo žlicom dodajte 1/2 žličice mješavine kakaa i šećera u ljusku. Stavite napunjenu školjku na rešetku kako biste je držali uspravno.
- ☑ Pažljivo pritisnite dvije polovice jednu za drugu.
- ☑ Prstom namažite otopljenu čokoladu oko ruba bombice kako biste je zatvorili. Ponavljajte dok se sve bombe ne napune i zatvore.
- ☑ Za ukrašavanje otopite bijelu čokoladu i stavite je u malu vrećicu za sendviče na zip. Odrežite mali kut vrećice, a zatim pokapajte čokoladu preko bombica. Ovo također pomaže prikriti sve ružne šavove ili tragove otisaka prstiju!
- ☑ Zagrijte 3/4 šalice mlijeka u šalici ili tavi za mikrovalnu pećnicu na srednje niskoj temperaturi dok ne postane vruće.
- ☑ Nježno bacite toplu čokoladnu bombu u šalicu ili prelijte kipljivo mlijeko preko bombe postavljene u šalicu i gledajte kako se čarolija događa.
- ☑ Po želji poslužite s dodatnim komadićima marshmallowa.

15. Cappuccino bombe

IZRAĐUJE: 6 bombi

SASTOJCI:
- Čokoladne bombone napolitanke, otopljene
- 1 žlica + 1 žličica Cappuccino instant mješavine
- Bijele bombone od vanilije, otopljene
- Vruće mlijeko

OPREMA:
- Silikonski kalup srednje polukugle

UPUTE:
- ☑ Poleđinom žlice punite silikonske kalupe otopljenom čokoladom.
- ☑ Ostavite u hladnjaku ili zamrznite 10-15 minuta ili dok se ne počnu lako uklanjati.
- ☑ Dodajte 1 žlicu + 1 žličicu instant cappuccino mješavine u jednu polovicu čokolade.
- ☑ U mikrovalnoj pećnici zagrijte tanjur oko 15 sekundi. Da biste otopili čokoladu, uzmite drugu polovicu čokolade i stavite otvoreni dio na par sekundi na ringlu.
- ☑ Spojite dvije polovice čokoladica i zalijepite ih.
- ☑ Uživajte uz vruće mlijeko.

16. Kremaste kave bombe

PRAVI: 3 bombe

SASTOJCI:
- ½ šalice isomalta, otopljenog
- 3-4 žličice instant kave
- ¼ šalice kreme za kavu u prahu
- Smeđa gel boja za hranu

UPUTE:
- ☑ Premažite jedan kalup za polusferu smeđom prehrambenom bojom i 1 žlicom otopljenog izomalta.
- ☑ Dnom žlice gurnite izomalt uz rubove kalupa.
- ☑ Zamrznite kalupe za bombe napunjene Isomaltom na 5 minuta. Ogulite silikon s kalupa nakon što ih izvadite iz zamrzivača iz Isomalt čaše nježnim pokretom ljuštenja.
- ☑ Isomalt kalupima dodajte 1 žlicu instant kave i vrhnje u prahu.
- ☑ Zagrijte tanjur i pritisnite jednu od praznih Isomalt šalica otvorene strane prema dolje na ravni dio grijaće ploče oko 10 sekundi.
- ☑ Odmah stavite ovaj rub na vrh jedne od napunjenih šalica.
- ☑ Ovo će spojiti dvije polovice bombe.

17. Plava bijela Mocha kava bomba

PRAVI: 3 bombe

SASTOJCI:
- 1 šalica otopljene bijele čokolade
- 6 žlica vrhnja za kavu u prahu od vanilije

UPUTE:
- ☑ Žlicom ili slastičarskom četkicom premažite unutrašnjost silikonskog kalupa ravnomjernim slojem čokolade.
- ☑ Zamrznite kalup na 10-15 minuta u zamrzivaču.
- ☑ Pažljivo izvadite polukrugove iz kalupa i poslažite ih na smrznuti pladanj.
- ☑ Žlicom rasporedite 1-2 žličice vrhnja za kavu, zajedno s dodatnim sastojcima u tri polukruglice.
- ☑ Lagano zagrijte rubove preostalih polovica kuglica i položite ih na one koje drže kremu.
- ☑ Kako biste koristili bombu od kave, stavite je u šalicu za kavu i prelijte vrućom kavom.

18. Black Forest kava bomba

PRAVI: 2 bombe

SASTOJCI:
- ½ šalice isomalta, otopljenog
- 3-4 žličice instant kave
- 2 žlice čokoladnog sirupa
- Obrijana čokolada

OPREMA:
- 1 set silikonskih kalupa

UPUTE:
- ☑ Dnom žlice gurnite izomalt uz rubove kalupa.
- ☑ Zamrznite kalupe za bombonice na 5 minuta.
- ☑ Skinite silikon s kalupa nakon što ste ga izvadili iz zamrzivača.
- ☑ U svaku Isomalt bombu dodajte instant kavu, čokoladni sirup i Shaved čokoladu.
- ☑ Zagrijte tanjur i pritisnite jednu od praznih Isomalt šalica otvorene strane prema dolje na ravni dio grijaće ploče.
- ☑ Stavite ovaj zagrijani rubni izomalt odmah na vrh jedne od napunjenih šalica.
- ☑ Ovo će spojiti dvije polovice bombe.

19. Začinjena meksička moka bomba

PRAVI: 2 bombe

SASTOJCI:
- ½ šalice isomalta, otopljenog
- 3-4 žličice instant kave
- 1/4 žličice vijetnamskog kasijinog cimeta
- ¼ šalice kreme za kavu u prahu
- 1/4 žličice jamajčanske pimente
- 1/8 žličice kajenskog papra
- 2 žlice šećera u prahu
- 1 žlica nezaslađene mljevene čokolade u prahu

OPREMA:
- 1 set silikonskih kalupa

UPUTE:
- ☑ Dnom žlice gurnite izomalt uz rubove kalupa.
- ☑ Zamrznite kalupe za bombonice na 5 minuta.
- ☑ Skinite silikon s kalupa nakon što ste ga izvadili iz zamrzivača.
- ☑ Svakoj Isomalt bombi dodajte instant kavu, vrhnje u prahu, šećer u prahu, čokoladu u prahu, cimet, jamajčanski piment i kajenski papar.
- ☑ Zagrijte tanjur i pritisnite jednu od praznih Isomalt šalica otvorene strane prema dolje na ravni dio grijaće ploče.
- ☑ Stavite ovaj zagrijani rubni izomalt odmah na vrh jedne od napunjenih šalica.
- ☑ Ovo će spojiti dvije polovice bombe.

20. Frappuccino bomba od maline

PRAVI: 2 bombe

SASTOJCI:
- ½ šalice isomalta, otopljenog
- 3-4 žličice instant kave
- ¼ šalice kreme za kavu u prahu
- 2 žlice sirupa od malina
- 3 žlice čokoladnog sirupa

OPREMA:
- 1 set silikonskih kalupa

UPUTE:
- ☑ Dnom žlice gurnite izomalt uz rubove kalupa.
- ☑ Zamrznite kalupe za bombonice na 5 minuta. Skinite silikon s kalupa nakon što ste ga izvadili iz zamrzivača.
- ☑ U svaku Isomalt bombu dodajte instant kavu, kremu od kave u prahu, sirup od maline i čokoladni sirup.
- ☑ Zagrijte tanjur i pritisnite jednu od praznih Isomalt šalica otvorene strane prema dolje na ravni dio grijaće ploče.
- ☑ Stavite ovaj zagrijani rubni izomalt odmah na vrh jedne od napunjenih šalica.
- ☑ Ovo će spojiti dvije polovice bombe.

21. Neprobojne bombe za kavu

PRAVI: 3 bombe

SASTOJCI:
- 1/3 šalice gheeja
- 3 mjerice kolagena
- 1,5 žlice kokosovog ulja ili MCT ulja, otopljeno
- 1/4 žličice cimeta
- 1 žličica kakaa u prahu

UPUTE:
- ☑ Koristeći stražnju stranu žlice, premažite 6 kalupa za polukrug s otprilike 1 žlicom otopljenog gheeja.
- ☑ Zamrznite kalup na otprilike 10 minuta.
- ☑ Stvrdnute ljuske stavite na ploču za hlađenje nakon što ih izvadite iz kalupa. Polovicu kalupa treba napuniti kolagenom i cimetom.
- ☑ Nenapunjene polovice ljuske nježno umočite u otopljeno kokosovo ulje. Stavite ga licem prema dolje na vrh napunjene polovice školjke, a zatim zatvorite rubove trljajući vrhovima prstiju oko cijelog zapečaćenog područja.
- ☑ Vratite u zamrzivač na još 5-10 minuta.
- ☑ U posebnoj zdjeli pomiješajte kakao prah i preostalo otopljeno kokosovo ulje dok ne postane glatko.
- ☑ Pokapajte 1/2-1 žličicu mješavine preko ghee kuglica i začinite morskom soli. Vratite u zamrzivač dok ne budete spremni za upotrebu.
- ☑ Poslužite uz šalicu vruće svježe skuhane kave.

22. Instant kapučino od naranče

PRAVI: 2 bombe

SASTOJCI:
- ½ šalice isomalta, otopljenog
- 3-4 žličice instant kave
- ¼ šalice kreme za kavu u prahu
- 1/3 šalice šećera
- 1 ili 2 narančasta tvrda bombona (zgnječena)

OPREMA:
- 1 set silikonskih kalupa

UPUTE:
- ☑ Dnom žlice gurnite izomalt uz rubove kalupa.
- ☑ Zamrznite kalupe za bombonice na 5 minuta. Skinite silikon s kalupa nakon što ste ga izvadili iz zamrzivača.
- ☑ U svaku Isomalt bombu dodajte instant kavu, vrhnje u prahu, šećer i bombone od naranče.
- ☑ Zagrijte tanjur i pritisnite jednu od praznih Isomalt šalica otvorene strane prema dolje na ravni dio grijaće ploče.
- ☑ Stavite ovaj zagrijani rubni izomalt odmah na vrh jedne od napunjenih šalica.
- ☑ Ovo će spojiti dvije polovice bombe.

23. Cvjetna čajna bomba

PRAVI: 3 bombe

SASTOJCI:
- 3 vrećice čaja ili čaj od listova
- 1/2 šalice isomaltnih kristala, otopljenih
- Osušeno jestivo cvijeće

OPREMA:
- Silikonski kalup Semi Sphere
- Lonac za pirjanje

UPUTE:
- ☑ Ulijte žlicu ili dvije otopljenog izomalta na svaku stranu globusa, vrteći smjesu okolo da prekrije cijelu površinu.
- ☑ Ostavite sa strane 30 minuta da se kuglice ohlade.
- ☑ U jednu od kuglica stavite vrećicu čaja, a zatim dodajte suhe cvjetove.
- ☑ Pažljivo izvadite prazne kuglice i stavite malu tavu na laganu vatru. Jedan od rubova kristala treba otopiti tek toliko da djeluje kao ljepilo.
- ☑ Spojite dvije kuglice čaja u kuglu.
- ☑ Na vrh stavite jestivo cvijeće tako da nježno umočite cvijet u mješavinu izomalta i pričvrstite ga na vrh šećernim rukavicama.

24. Čajna bomba sa sirupom od vanilije

PRAVI: 3 bombe

SASTOJCI:
- 1 šalica eritritola u prahu
- 1/3 šalice sirupa od vanilije bez šećera
- 2 žlice vode
- Bojanje hrane
- Rasuti čaj ili vrećice čaja

OPREMA:
- Silikonski kalup polumjeseca

UPUTE:
- ☑ U srednje velikoj tavi pomiješajte zaslađivač u prahu, sirup i vodu. Zagrijte na srednje jakoj vatri dok temperatura ne dosegne 300°F.
- ☑ Maknite tavu s vatre. Po želji dodajte nekoliko kapi prehrambene boje.
- ☑ Otprilike 1-2 žlice tekuće smjese za bombone ulijte u jednu od šupljina kalupa i žlicom rasporedite po stranicama.
- ☑ Izvadite bombon iz silikonskog kalupa kada se stvrdne. Šest polumjeseca treba napuniti rasutim čajem ili vrećicom čaja.
- ☑ Zagrijte tavu na srednjoj vatri da se dva dijela povežu. Bez čaja u tavi, otopite uglove polumjeseca. Zatim odmah stavite drugu polovicu na vrh čaja da se zatvori.

25. Black Chai Tea Bombs

PRAVI: 2 bombe

SASTOJCI:
- ¼ šalice isomalta, otopljenog
- 2 vrećice crnog čaja

UPUTE:
- ☑ Ulijte otprilike četvrtinu otopljenog izomalta u sferičnu šupljinu kalupa, pritišćući izomalt prema gore i oko rubova kalupa žlicom.
- ☑ Napunjene kalupe zamrznite na 5 minuta da se stvrdnu.
- ☑ Izvadite pune kalupe iz zamrzivača i lagano povucite kalup od polukuglica izomalta.
- ☑ Umetnite vrećicu čaja između dvije izomaltne polukugle, ostavljajući pločicu čajne bombe da visi.
- ☑ Prethodno zagrijte tavu na srednje jakoj vatri, zatim okrenite praznu polukuglu izomalta i pritisnite ravni rub forme za izomalt na dno posude dok se ne počne topiti.
- ☑ Stavite lagano otopljenu polovicu izomalta na vrh izomaltne polu-bombe koja sadrži vrećicu čaja što je prije moguće.
- ☑ Kada se izomalt ohladi, dvije strane čajne bombe će se spojiti u roku od nekoliko sekundi.

26. Bombe od šećernog čaja

PRAVI: 7 bombi

SASTOJCI:
- 2 žlice vode
- 1 šalica bijelog šećera
- 1/3 šalice svijetlog kukuruznog sirupa
- 7 vrećica čaja
- Gel boje za hranu
- Prašina za sjaj ili suho cvijeće

UPUTE:
- ☑ U loncu za kuhanje pomiješajte šećer, vodu i svijetli kukuruzni sirup.
- ☑ Pustite da prokuha.
- ☑ Umiješajte gel prehrambenu boju.
- ☑ Ulijte šećer u silikonski kalup i rasporedite ga stražnjom stranom žlice. Ostavite 15-20 minuta da se smjesa potpuno stvrdne.
- ☑ Kad se šećer stegne, pažljivo podignite dno kalupa kako biste oslobodili krug i pažljivo izvadite polovicu komada iz kalupa, a pola krugova šećera ostavite na mjestu.
- ☑ U polukrugove koje ste ostavili u kalupu stavite vrećice čaja, cvijeće i/ili prašinu za sjaj.
- ☑ Izvadite konac vrećice čaja iz kalupa.
- ☑ Zagrijte štednjak ispod tave na niskoj razini nekoliko sekundi.
- ☑ Zagladite polovicu okruglog kalupa u tavi i zagrijte rub.
- ☑ Stavite krug šećera natrag na vrh i pažljivo zatvorite obje strane
- ☑ Ostavite ih sa strane i ostavite još 5-10 minuta.
- ☑ Pažljivo izvadite čajne bombice iz kalupa laganim pritiskom na dno, držite bombicu na vrhu i uklonite je.

27. Rose Hips Green Tea Bomb

PRAVI: 7 bombi

SASTOJCI:
- 2 žlice vode
- 1 šalica bijelog šećera
- 1 limun, iscijeđen, očišćen od sjemenki
- Gel boje za hranu
- vrećice čaja
- 1/3 šalice svijetlog kukuruznog sirupa
- 2 žlice organskih plodova šipka
- 1-2 prstohvata kajenske paprike

UPUTE:
- ☑ U loncu za kuhanje pomiješajte šećer, vodu, limunov sok i svijetli kukuruzni sirup.
- ☑ Pustite da prokuha.
- ☑ Umiješajte gel prehrambenu boju.
- ☑ Ulijte šećer u silikonski kalup i rasporedite ga stražnjom stranom žlice. Ostavite 15-20 minuta da se smjesa potpuno stvrdne.
- ☑ Kad se šećer stegne, pažljivo podignite dno kalupa kako biste oslobodili krug i pažljivo izvadite polovicu komada iz kalupa, a pola krugova šećera ostavite na mjestu.
- ☑ U polukrugove koje ste ostavili u kalupu stavite vrećice čaja, šipak i ljutu papriku.
- ☑ Zagrijte štednjak ispod tave na niskoj razini nekoliko sekundi.
- ☑ Zagladite polovicu okruglog kalupa u tavi i zagrijte rub.
- ☑ Stavite krug šećera natrag na vrh i pažljivo zatvorite obje strane
- ☑ Ostavite ih sa strane i ostavite još 5-10 minuta.
- ☑ Pažljivo izvadite čajne bombice iz kalupa laganim pritiskom na dno, držite bombicu na vrhu i uklonite je.

28. Chai Spritzer bomba od kokosa

PRAVI: 2 bombe

SASTOJCI:
- ¼ šalice isomalta, otopljenog
- ¼ šalice kokosovog chia čaja
- 2 kapi stevije

UPUTE:
- ☑ Ulijte otprilike četvrtinu otopljenog izomalta u sferičnu šupljinu kalupa, pritišćući izomalt prema gore i oko rubova kalupa žlicom.
- ☑ Napunjene kalupe zamrznite na 5 minuta da se stvrdnu.
- ☑ Izvadite pune kalupe iz zamrzivača i lagano povucite kalup od polukuglica izomalta.
- ☑ Ulijte chia čaj u kalup, zajedno s 1 kapi stevije.
- ☑ Prethodno zagrijte tavu na srednje jakoj vatri, zatim okrenite praznu polukuglu izomalta i pritisnite ravni rub forme za izomalt na dno posude dok se ne počne topiti.
- ☑ Polovicu malo otopljenog izomalta odmah stavite na vrh izomaltne polubombe punjene chia čajem. Kada se izomalt ohladi, dvije strane čajne bombe će se spojiti u roku od nekoliko sekundi.
- ☑ Bombu poslužite uz čašu mineralne vode.

29. Recept za Irish Crème Coffee Bombs

PRAVI: 3 bombe

SASTOJCI:
- 1 ½ šalice otopljene bijele čokolade
- 1 žlica smeđeg šećera
- 6 žlica vrhnja za kavu od vanilije u prahu
- 3 žlice viskija
- Skuhana kava od 36 oz

UPUTE:
- ☑ Otopljenu čokoladu žlicom rasporedite u šupljinu silikonskog kalupa za kuglice.
- ☑ Zamrznite kalup na 15 minuta prije upotrebe.
- ☑ Izvadite kalupe iz zamrzivača i pažljivo izvadite svaku polukuglu iz kalupa, stavljajući ih na smrznuti tanjur.
- ☑ U tri kuglice pomiješajte smeđi šećer, vrhnje za kavu i viski.
- ☑ Rubove preostala tri dijela lagano otopite ili zagrijte i spojite ih u krug. Kako biste popravili šav, možete upotrijebiti još otopljene čokolade i zavući rub.
- ☑ Ohladite ili držite na pultu u hermetički zatvorenoj posudi do posluživanja.
- ☑ Za posluživanje stavite bombu u šalicu i prelijte je vrućom ulivenom kavom. Dok se čokolada topi, miješajte da se sve sjedini.

30. Voćni čaj Bomba

IZRAĐUJE: 1 bombu

SASTOJCI:
- 1 šalica eritritola u prahu
- 2 žlice vode
- 2 žlice Lipton instant čaja
- Svježa menta
- ¼ šalice soka od limuna
- 1/3 šalice sirupa od vanilije bez šećera
- ¼ šalice soka od bijelog grožđa
- ⅔ šalice šećera

UPUTE:
- ☑ U srednje velikoj tavi pomiješajte zaslađivač u prahu, sirup i vodu. Zagrijte dok temperatura ne dosegne 300°F.
- ☑ Otprilike 1-2 žlice tekuće smjese za bombone ulijte u jednu od šupljina kalupa i žlicom rasporedite po stranicama.
- ☑ Izvadite bombon iz silikonskog kalupa kada se stvrdne.
- ☑ Šest polumjeseca treba napuniti rasutim čajem ili vrećicom čaja.
- ☑ Zagrijte tavu na srednjoj vatri da se dva dijela povežu. Bez čaja u tavi, otopite uglove polumjeseca. Zatim odmah stavite drugu polovicu na vrh čaja da se zatvori.

31. Čajne bombe Earl Grey

Proizvodi: 2

SASTOJCI:
- 1/2 šalice izomalta
- 2 pojedinačne vrećice čaja Earl Grey
- 2 žlice osušenih cvjetova lavande

UPUTE:
NAPRAVITE BOMBU ZA ČAJ
- ☑ Stavite izomalt u mjernu posudu zaštićenu od topline. Pecite u mikrovalnoj prema uputama na pakiranju dok se potpuno ne otopi.
- ☑ Dodajte otprilike ¼ otopljenog izomalta u jednu okruglu šupljinu kalupa, koristeći žlicu da pritisnete izomalt prema gore i oko rubova kalupa. Ponovite s 3 dodatna kalupa.
- ☑ Napunjene kalupe staviti u zamrzivač na 5 minuta da se stvrdnu.
- ☑ Izvadite napunjene kalupe iz zamrzivača i nježno odvojite kalup od izomaltnih polukuglica.
- ☑ Stavite vrećicu čaja u dvije izomaltne polukugle, ostavljajući pločicu čajne bombe da visi.
- ☑ Dodajte 1 žlicu cvjetova lavande u svaku polovicu čajne bombe s vrećicama čaja.
- ☑ Zagrijte tanjur u mikrovalnoj pećnici dok ne postane vruć na dodir, okrenite praznu polukuglu izomalta i trljajte ravni rub oblika izomalta na dno tanjura dok se samo ne počne topiti.
- ☑ Odmah stavite blago otopljenu polovicu izomalta na polu-bombu izomalta s vrećicom čaja unutra. Dvije strane čajne bombe spojit će se zajedno za samo trenutak ili dva kada se izomalt ohladi.
- ☑ Kada ste spremni popiti čaj, jednostavno stavite bombu za čaj u svoju šalicu, a zatim je prelijte vrućom vodom. Čajna bomba će se otopiti, a vrećica čaja će se namakati. Isomalt nije pretjerano sladak, pa biste mogli dodati malo zaslađivača ako više volite slatku šalicu čaja.

NAPRAVITI LONDONSKU MAGLU
- ☑ Stavite bombu za čaj u šalicu.

- ☑ Prelijte 6 oz vode do vrha da otopite bombu i počnite namakati čaj.
- ☑ Zagrijte ¼ šalice mlijeka i po želji zapjenite.
- ☑ U toplo mlijeko možete dodati malo šećera ako volite slađi čaj.
- ☑ Ulijte toplo mlijeko da napunite šalicu.

32. Čajne bombice bez šećera

Proizvodi: 2

SASTOJCI:
- 1 šalica zaslađivača bez šećera po izboru
- 1/3 šalice sirupa bez šećera
- 2 žlice vode
- bojanje hrane
- rasuti čaj ili vrećice čaja po izboru
- silikonski kalupi za polumjesec

UPUTE:
- ☑ U lonac srednje veličine dodajte zaslađivač, sirup i vodu. Zagrijte na srednje jakoj vatri dok termometar za slatkiše ne dosegne 300°F (oko 5 minuta nakon vrenja).
- ☑ Maknite s vatre. Dodajte prehrambenu boju ako koristite.
- ☑ Radeći brzo, dodajte oko 1-2 žlice u udubinu kalupa i žlicom podignite uz rubove. Nastavite gurati tekućinu prema gore dok se ne stvrdne. Četkica također dobro funkcionira. Radite s 2 šupljine odjednom. Ponovite s preostalim kalupima.
- ☑ Kad se stvrdne, odvojite od kalupa. U šest polumjeseca dodajte čaj ili vrećicu čaja.
- ☑ Zagrijte tavu na srednje jakoj vatri. Do šest polumjeseca bez čaja, otopite rubove na tavi. Zatim brzo stavite na drugu polovicu s čajem da se zatvori. Ponovite s preostalim kuglicama.
- ☑ Za upotrebu stavite bombu za čaj u veliku šalicu. Polako prelijte vruću vodu preko čajne bombe i gledajte kako eksplodira iz listova čaja.

33. Obojene vruće čajne bombice

Proizvodi: 2

SASTOJCI:
- Kristali izomalta
- Gel boje za hranu
- Čaj po izboru
- Osušeno jestivo cvijeće, začinsko bilje ili kocke šećera
- 1 mali lonac
- 1 silikonski kalup polukugle s velikom šupljinom

UPUTE:
- ☑ Stavite kristale izomalta u malu tavu na srednje jaku vatru.
- ☑ Ostavite kristale da se rastope. Ako je potrebno, protresite posudu kako biste olakšali topljenje. NE MIJEŠATI.
- ☑ Kad se svi kristali otope, smjesu brzo rasporedite u polusferne kalupe. Budite vrlo oprezni kako biste izbjegli kontakt s kožom. Ovo će biti vruće.
- ☑ Dodajte nekoliko kapi prehrambene boje u gelu u svaki kalup.
- ☑ Promiješajte malom žlicom da se pomiješa s otopljenim kristalima.
- ☑ Stražnjim dijelom žlice brzo rasporedite smjesu da pokrije cijelu površinu kalupa. Učinite ovaj korak što brže možete, neće trebati dugo da se smjesa počne stvrdnjavati.
- ☑ Ostavite polovice da se postave prije nastavka, otprilike 30 minuta.
- ☑ Izvadite gornju polovicu kugle iz kalupa tako da je pažljivo gurnete prema gore od dna kalupa. Donju polovicu za sada ostavite u kalupu. To olakšava sastavljanje globusa.
- ☑ Stavite čaj u donju polovicu globusa u kalup zajedno s jestivim cvijećem, kockama šećera ili začinskim biljem koje koristite. Po želji ostavite konac vrećice čaja izvan kalupa.
- ☑ Stavite malu tavu na laganu vatru. To će se koristiti za glačanje rubova globusa i lakše spajanje dvaju globusa.
- ☑ Stavite vrh globusa na vruću tavu na nekoliko sekundi da zagladite i otopite rub. Brzo spojite donju kuglu koja je još u kalupu.

- ☑ Ostavite da se ohladi 5-10 minuta. Nakon nekoliko minuta trebali biste moći ukloniti cijelu kuglu iz kalupa pažljivim pritiskom prema gore na kalup kako biste oslobodili donju polovicu globusa.
- ☑ Kad je spremna, stavite čajnu bombu u šalicu zaštićenu od topline i prelijte vrućom vodom do vrha. Promiješajte i uživajte!

34. Bombe od biljnog čaja

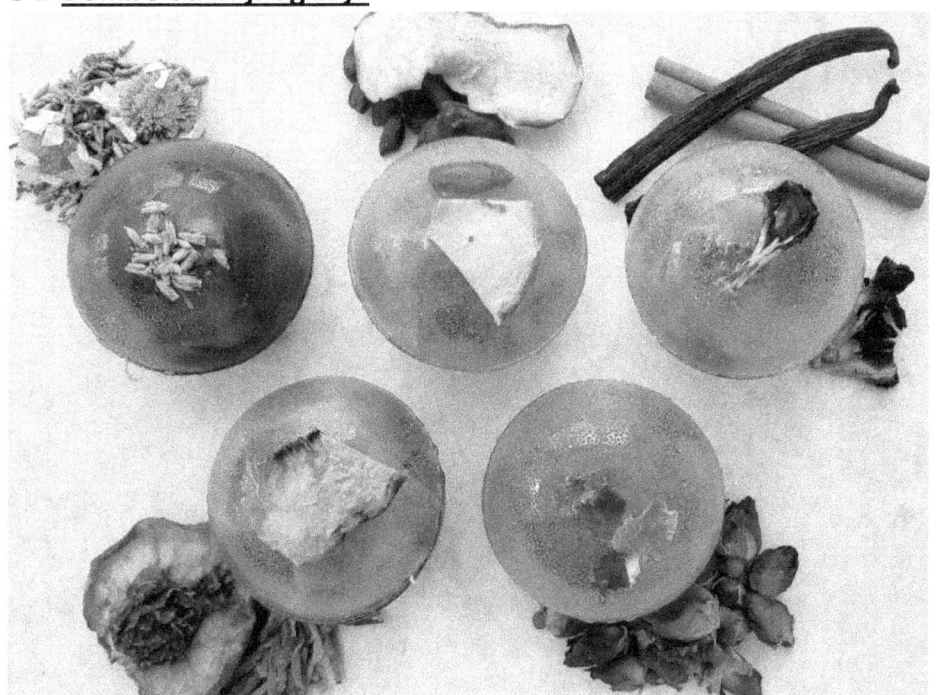

Proizvodi: 2

SASTOJCI:
- 1/3 šalice izomaltnih kristala
- Gel boje za hranu
- Biljni čaj

UPUTE:

- ☑ Stavite kristale izomalta u malu tavu na srednje jaku vatru.
- ☑ Ostavite kristale da se rastope. Ako je potrebno, protresite posudu kako biste olakšali topljenje. NE MIJEŠATI.
- ☑ Kad se svi kristali otope, smjesu brzo rasporedite u polusferne kalupe. Budite vrlo oprezni kako biste izbjegli kontakt s kožom. Ovo će biti vruće i može izazvati ozbiljne opekline.
- ☑ Dodajte nekoliko kapi prehrambene boje u gelu u svaki kalup.
- ☑ Promiješajte malom žlicom da se pomiješa s otopljenim kristalima.
- ☑ Stražnjim dijelom žlice brzo rasporedite smjesu da pokrije cijelu površinu kalupa. Učinite ovaj korak što brže možete, neće trebati dugo da se smjesa počne stvrdnjavati.
- ☑ Ostavite polovice da se postave prije nastavka, otprilike 30 minuta.
- ☑ Izvadite gornju polovicu kugle iz kalupa tako da je pažljivo gurnete prema gore od dna kalupa. Donju polovicu za sada ostavite u kalupu. To olakšava sastavljanje globusa.
- ☑ Stavite čaj u donju polovicu globusa u kalup zajedno s jestivim cvijećem, kockama šećera ili začinskim biljem koje koristite. Po želji ostavite konac vrećice čaja izvan kalupa.
- ☑ Stavite malu tavu na laganu vatru. To će se koristiti za glačanje rubova globusa i lakše spajanje dvaju globusa.
- ☑ Stavite vrh globusa na vruću tavu na nekoliko sekundi da zagladite i otopite rub. Brzo spojite donju kuglu koja je još u kalupu.
- ☑ Ostavite da se ohladi 5-10 minuta. Nakon nekoliko minuta trebali biste moći ukloniti cijelu kuglu iz kalupa pažljivim pritiskom prema gore na kalup kako biste oslobodili donju polovicu globusa.
- ☑ Kad je spremna, stavite čajnu bombu u šalicu zaštićenu od topline i prelijte vrućom vodom do vrha. Promiješajte i uživajte!

35. Koktel fizzer

PRAVI: 10 bombi

SASTOJCI:
- 1/2 šalice limunske kiseline
- 1 šalica šećera
- 15 ml Asorti bitera
- 1 šalica sode bikarbone
- 5 g gume akacije
- Pinch Zlatni sjaj
- Voda

UPUTE:
- ☑ Izmjerite sve sastojke u zdjelu.
- ☑ Smjesu izradite rukama dok ne dobije pješčanu teksturu.
- ☑ Od smjese praviti kuglice i staviti u kalup da se stegne.
- ☑ Izvadite kalup, a zatim ga pohranite u hladnjaku ili na pultu u hermetički zatvorenoj posudi.

36. Kozmopolitske gazirane bombe

Pravi: 10 bombi

SASTOJCI:
- ½ šalice ultrafinog čistog šećerne trske
- ½ šalice šećera u prahu
- 2 žličice sode bikarbone
- 2 žličice tekućeg pojačivača vode u mješavini brusnice i maline
- 2 žličice jestivih cvjetova grubo nasjeckanih
- 6 unci narančaste gazirane vode
- ¾ unce votke s okusom limete
- ¾ unce votke s okusom brusnice
- Jestivo cvijeće, za ukras

OPREMA
- Mala posuda
- Tacna s rubom
- Coupe čaša za koktele od 10 unci

UPUTE:
- ☑ Pomiješajte ultrafini šećer, šećer u prahu i sodu bikarbonu u maloj posudi. Umiješajte tekućinu za pojačivač vode dok šećer ne postane sličan mokrom pijesku.
- ☑ Umiješajte nasjeckani jestivi cvijet.
- ☑ Utisnite smjesu u 2 (1 čajna žličica) zaobljene mjerne žlice, ostavljajući malo viška na vrhu žlica. Okrenite jednu žlicu na drugu.
- ☑ Pritisnite žlice zajedno i lagano protresite.
- ☑ Izvadite jednu žlicu i okrenite bombu u svoju ruku.
- ☑ Uklonite preostalu žlicu i stavite bombu na pladanj s rubom. Ponovite s preostalom smjesom.
- ☑ Ostavite da se suši 4 sata prije posluživanja.
- ☑ Čuvati poklopljeno na sobnoj temperaturi do 2 dana.
- ☑ Za posluživanje pomiješajte gaziranu vodu od naranče, votku s okusom limete i votku s okusom brusnice u čaši za koktel od 10 unci.
- ☑ Dodajte jednu osušenu bombu; promiješajte da se dobro sjedini.

37. Tequila Sunrise gazirane bombe

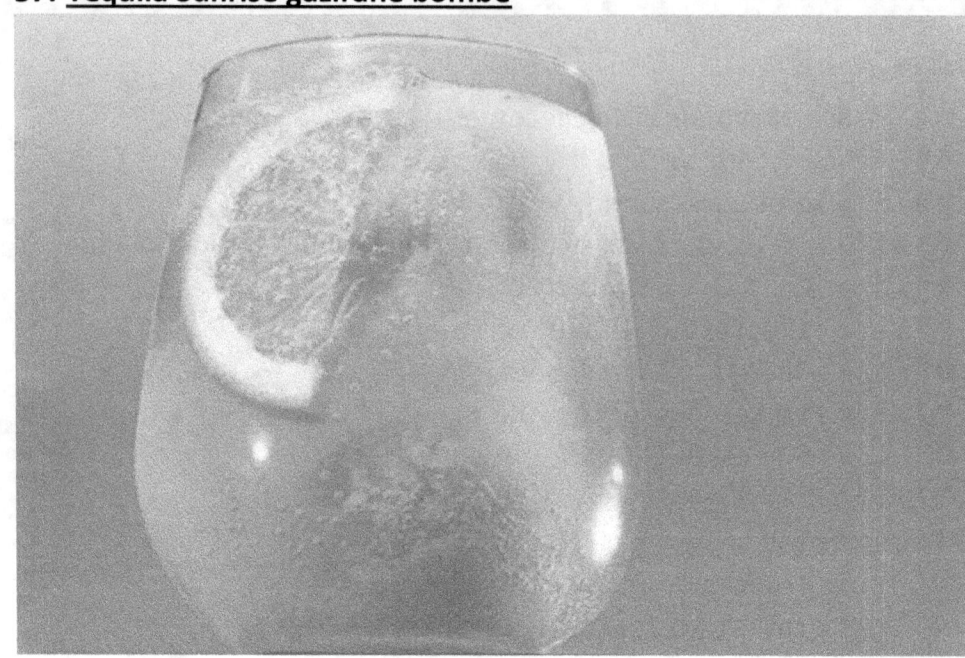

Pravi: 10 bombi

SASTOJCI:
- ½ šalice ultrafinog čistog šećerne trske
- ½ šalice šećera u prahu
- 2 žličice sode bikarbone
- 2 žličice grenadin sirupa
- 2 žličice Over the Top ružičastog crvenog šećera za pijesak
- 3 unce 100% soka od naranče
- 3 unce gaziranog pića
- 1 ½ unce zlatne tekile
- Kriške naranče, za ukras

OPREMA
- Mala posuda
- 2 (1 žličica) mjere
- Tacna s rubom
- Čaša za koktel od 10 unci

UPUTE:
- ☑ Pomiješajte ultrafini šećer, šećer u prahu i sodu bikarbonu u maloj posudi.
- ☑ Miješajte grenadine dok šećer ne nalikuje mokrom pijesku. Umiješajte crveni šećer za pijesak.
- ☑ Smjesu utisnite u 2 zaobljene mjerne žlice, ostavljajući malo viška na vrhu žlica.
- ☑ Okrenite jednu žlicu na drugu.
- ☑ Pritisnite žlice zajedno i lagano protresite.
- ☑ Izvadite jednu žlicu i okrenite bombu u svoju ruku.
- ☑ Uklonite preostalu žlicu i stavite bombu na pladanj s rubom.
- ☑ Ostavite da se suši 4 sata prije posluživanja.
- ☑ Čuvati poklopljeno na sobnoj temperaturi do 2 dana.
- ☑ Za posluživanje pomiješajte sok od naranče, gazirani sok i tekilu u čaši za koktel od 10 unci.
- ☑ Dodajte jednu osušenu bombu; promiješajte da se dobro sjedini.

38. Jagoda mimoza

PRAVI: 10 bombi

SASTOJCI:
- 6 unci soka od naranče
- 6 unci sirupa od jagoda
- 1/2 šalice limunske kiseline
- Voda
- 5 g gume akacije
- 1 šalica sode bikarbone
- 1 šalica šećera

UPUTE:
- ☑ Izmjerite sve sastojke u zdjelu.
- ☑ Smjesu izradite rukama dok ne dobije pješčanu teksturu.
- ☑ Smjesu oblikujte u kuglice i stavite u kalup.
- ☑ Izvadite kalup, a zatim ga pohranite u hladnjaku ili na pultu u hermetički zatvorenoj posudi.

39. Bloody Mary

PRAVI: 10 bombi

SASTOJCI:
SUHI SASTOJCI
- 1 žličica mljevenog crnog papra
- 5 g gume akacije
- 1/2 šalice limunske kiseline
- 1 žličica soli celera
- 1 šalica sode bikarbone
- 1 šalica šećera

MOKRI SASTOJCI
- 4 unce soka od rajčice ili V-8 soka
- 4 unce soka od limuna
- 4 unce Worcestershire umaka
- Tabasco umak po ukusu
- Voda

UPUTE:
- ☑ Izmjerite suhe sastojke u zdjelu.
- ☑ Umiješajte mokre sastojke rukama dok se smjesa ne pretvori u pijesak.
- ☑ Smjesu oblikujte u kuglice i stavite u kalup.
- ☑ Izvadite kalup, a zatim ga pohranite u hladnjaku ili na pultu u hermetički zatvorenoj posudi.

40. Margarita čarobna bomba

PRAVI: 8 bombi

SASTOJCI:
- Kvalitetna voda
- 1/2 šalice limunske kiseline
- 1/8 žličice soli
- Korica od pola limete
- 1 šalica soka od limete
- 1 šalica sode bikarbone
- 1 šalica granuliranog šećera
- 5 g gume akacije

UPUTE:
- ☑ Izmjerite sve sastojke u zdjelu.
- ☑ Smjesu izradite rukama dok ne dobije pješčanu teksturu.
- ☑ Smjesu oblikujte u kuglice i stavite u kalup.
- ☑ Poslužite s 1/2 šalice Cointreaua ili soka od naranče i koricom

41. Mojito od kokosa

PRAVI: 20 bombi

SASTOJCI:
- 6 unci sirupa od mente
- 8 unci soka od limete
- 1 šalica sode bikarbone
- 1 šalica šećera
- 1/2 šalice limunske kiseline
- 5 g gume akacije
- Voda

UPUTE:
- ☑ Izmjerite sve sastojke u zdjelu.
- ☑ Smjesu izradite rukama dok ne dobije pješčanu teksturu.
- ☑ Smjesu oblikujte u kuglice i stavite u kalup.
- ☑ Izvadite kalup, a zatim ga pohranite u hladnjaku ili na pultu u hermetički zatvorenoj posudi.

42. Piña Colada bomba

PRAVI: 10 bombi

SASTOJCI:
- 1 krema od kokosa
- ¾ šalice soka od ananasa
- 3 žlice soka od limete
- 1/2 šalice limunske kiseline
- 1 šalica šećera
- 5 g gume akacije
- 1/4 sode bikarbone
- Voda

UPUTE:
- ☑ Izmjerite sve sastojke u zdjelu.
- ☑ Smjesu izradite rukama dok ne dobije pješčanu teksturu.
- ☑ Smjesu oblikujte u kuglice i stavite u kalup.

43. Guava od ananasa

PRAVI: 10 bombi

SASTOJCI:
- 4 unce soka od guave
- 4 unce kokosa LaCroix
- 4 unce soka od ananasa
- Sok od 2 limete
- 1/2 šalice limunske kiseline
- 1 šalica sode bikarbone
- 1 šalica šećera
- 5 g gume akacije
- Voda

UPUTE:
- ☑ Izmjerite sve sastojke u zdjelu.
- ☑ Smjesu izradite rukama dok ne dobije pješčanu teksturu.
- ☑ Smjesu oblikujte u kuglice i stavite u kalup.
- ☑ Poslužite s 3 unce kokosove votke.

44. Gazirana začinjena pivska bomba

PRAVI: 4 bombe

SASTOJCI:
- 1 1/2 žličica dimljene paprike
- 1 žličica Worcestershire umaka
- 3 žlice čilija u prahu
- 1/2 žličice morske soli Mesquite Lime
- 2 žličice limunske kiseline, prehrambene
- 1 žličica ljutog umaka

UPUTE:
- ☑ Pomiješajte papriku, čili u prahu, morsku sol limete i limunsku kiselinu u posudi za miješanje.
- ☑ Dodajte kapljicu ili dvije Worcestershire umaka i ljutog umaka, zatim izmiješajte da se sjedini.
- ☑ U silikonski kalup stavite 1 1/2 žlice do 2 žlice smjese. Čvrsto pritisnite prema dolje.
- ☑ Zamrznite pivske gazirane bombe na 4-6 sati, poklopljene.
- ☑ Poslužite uz čašu piva.

45. Bellini rumenilo

PRAVI: 10 bombi

SASTOJCI:
- 5 unci pirea od breskve
- 1/2 šalice limunske kiseline
- 5 unci jednostavnog sirupa
- Voda
- 1 šalica sode bikarbone
- 1 šalica šećera
- 5 g gume akacije

UPUTE:
- ☑ Izmjerite sve sastojke u zdjelu.
- ☑ Smjesu izradite rukama dok ne dobije pješčanu teksturu.
- ☑ Smjesu oblikujte u kuglice i stavite u kalup.

46. Lavanda Lush bomba

PRAVI: 10 bombi

SASTOJCI:
ZA SIRUP OD ĐUMBIRA I LAVANDE:
- 1 šalica bijelog šećera
- ½ šalice vode
- 4 unce svježeg đumbira, očišćenog
- 2 žličice sušene jestive lavande, zdrobljene

ZA LAVANDU LUSH BOMB:
- 1 šalica sode bikarbone
- 1 šalica šećera
- 1/2 šalice limunske kiseline
- 5 g gume akacije

UPUTE
ZA SIRUP OD ĐUMBIRA I LAVANDE:
- ☑ Sastojke za sirup od đumbira i lavande stavite u malu tavu i zakuhajte.
- ☑ Pirjati 10 minuta.
- ☑ Procijedite i bacite pulpu đumbira.

ZA LAVANDU LUSH BOMB:
- ☑ Pomiješajte šećer, limunsku kiselinu i sodu bikarbonu u zdjeli.
- ☑ Dodajte gumu akaciju i sirup od lavande.
- ☑ Smjesu izradite rukama dok ne dobije pješčanu teksturu.
- ☑ Smjesu oblikujte u kuglice i stavite u kalup.
- ☑ Poslužite bombu u ohlađenoj votki, ledenom čaju ili vodi.

47. Mamurluk Bomba na ugljen

PRAVI: 10 bombi

SASTOJCI:
- 6 unci svježeg soka od naranče
- 1/4 šalice javorovog sirupa
- 6 unci svježeg soka od limuna
- Voda
- 1 žličica svježe naribanog đumbira
- 1 žličica aktivnog ugljena
- 1/2 šalice limunske kiseline
- 1 šalica sode bikarbone
- 1 šalica šećera
- 5 g gume akacije

UPUTE:
- ☑ Sve sjedinite rukama dok se smjesa ne pretvori u pijesak.
- ☑ Smjesu oblikujte u kuglice i stavite u kalup.

48. Limoncello Fizzer

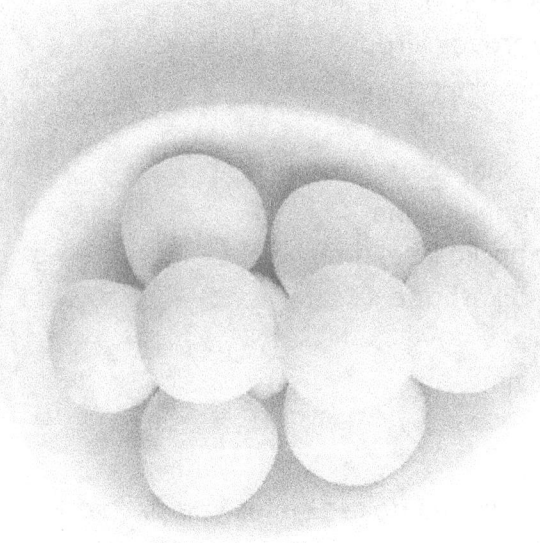

PRAVI: 10 bombi

SASTOJCI:
- 8 unci svježe iscijeđenog soka od limuna
- 6 unci oleo Saccharum (mješavina šećera i ulja)
- 1/2 šalice limunske kiseline
- 1 šalica sode bikarbone
- 1 šalica šećera
- 5 g gume akacije
- Voda

UPUTE:
- ☑ Izmjerite sve sastojke u zdjelu.
- ☑ Koristite dovoljno vode, sjedinite rukama dok smjesa ne podsjeća na pijesak.
- ☑ Smjesu oblikujte u kuglice i stavite u kalup.
- ☑ Dobro se slaže s džinom ili votkom.

49. Starinski

PRAVI: 10 bombi

SASTOJCI:
- 2 unce čaja od ječma
- 1/2 šalice vode
- 1/2 šalice limunske kiseline
- Sok od 1 naranče
- 10 unci Angostura bitera
- 1 šalica sode bikarbone
- 1 šalica šećera
- 5 g gume akacije
- Pinch Zlatni sjaj

UPUTE
ZA ČAJ:
- ☑ Ulijte vodu u vrč.
- ☑ Dodajte vrećicu čaja.
- ☑ Stavite u hladnjak na 2 sata, a zatim bacite vrećicu čaja.

ZA BOMBU:
- ☑ Pomiješajte suhe sastojke u zdjeli; Limunska kiselina, soda bikarbona, šećer, guma akacija i zlatni sjaj.
- ☑ Dodajte gorčinu, sok od naranče i čaj, a zatim rukama izradite smjesu dok ne postane poput pijeska.
- ☑ Smjesu oblikujte u kuglice i stavite u kalup.

50. **Guma bomba**

PRAVI: 10 bombi

SASTOJCI:
- Za sirup od žvake:
- 2 šalice vode
- 1 šalica granuliranog šećera
- 12 komada žvakaće gume

ZA BOMBU:
- 1/2 šalice limunske kiseline
- 5 g gume akacije
- 1 šalica sode bikarbone

UPUTE

ZA SIRUP ZA GUMU:
- ☑ U srednje velikoj posudi pomiješajte šećer i vodu i zakuhajte.
- ☑ Smanjite vatru i umiješajte žvakaću gumu.
- ☑ Kuhajte 10 minuta ili dok se ne počne zgušnjavati.
- ☑ Maknite s vatre i procijedite sirup. Stavite u hladnjak da se potpuno ohladi.

ZA ŽUM BOMBU:
- ☑ Pomiješajte suhe sastojke u zdjeli; Limunska kiselina, soda bikarbona i guma akacija.
- ☑ Dodajte Bubblegum sirup i izradite smjesu rukama.
- ☑ Smjesu oblikujte u kuglice i stavite u kalup.

51. Rođendanska torta

PRAVI: 10 bombi

SASTOJCI:
- 16 unci krem sode od vanilije
- Voda
- 1/2 šalice limunske kiseline
- ¼ šalice kreme za kavu u prahu
- 1 šalica šećera u prahu
- 1 šalica sode bikarbone
- 5 g gume akacije
- Ružičasta prehrambena boja
- Šlag i posip za ukrašavanje

UPUTE:
- ☑ Izmjerite sve sastojke, osim šlaga i posipa, u zdjelu.
- ☑ Smjesu izradite rukama dok ne dobije pješčanu teksturu.
- ☑ Smjesu oblikujte u kuglice i stavite u kalup.
- ☑ Ukrasite šlagom i posipom.

52. Pčelina koljena

PRAVI: 10 bombi

SASTOJCI:
- 8 unci soka od limuna, svježe iscijeđenog
- 1/2 šalice limunske kiseline
- 4 unce meda
- 1 šalica sode bikarbone
- 1 šalica šećera
- 5 g gume akacije
- Voda

UPUTE:
- ☑ Izmjerite sve sastojke u zdjelu.
- ☑ Smjesu izradite rukama dok ne dobije pješčanu teksturu.
- ☑ Smjesu oblikujte u kuglice i stavite u kalup.

53. Berry Smash

PRAVI: 10 bombi

SASTOJCI:
- 4 unce svježe iscijeđenog soka od limete
- 4 unce jednostavnog sirupa od stevije
- 1/2 šalice limunske kiseline
- 4 unce sirupa od maline
- 4 unce sirupa od kupina
- 1 šalica šećera
- 1 šalica sode bikarbone
- 5 g gume akacije
- Voda

UPUTE:
- ☑ Izmjerite sve sastojke u zdjelu.
- ☑ Smjesu izradite rukama dok ne dobije pješčanu teksturu.
- ☑ Smjesu oblikujte u kuglice i stavite u kalup.
- ☑ Poslužite uz gin.

54. Mojito s jagodama i bosiljkom

PRAVI: 10 bombi

SASTOJCI:
- Sok od 1 limete
- 4 unce sirupa od mente
- 1/2 šalice limunske kiseline
- 4 unce sirupa od bosiljka
- 4 unce sirupa od jagoda
- 1/4 šalice jednostavnog sirupa od stevije
- 1 šalica šećera
- 1 šalica sode bikarbone
- 5 g gume akacije
- Voda

UPUTE:
- ☑ Izmjerite sve sastojke u zdjelu.
- ☑ Smjesu izradite rukama dok ne dobije pješčanu teksturu.
- ☑ Smjesu oblikujte u kuglice i stavite u kalup.
- ☑ Poslužite s rumom.

55. **Grejpfrut Crush**

PRAVI: 10 bombi

SASTOJCI:
- 6 unci svježe iscijeđenog soka od limete
- 5 g gume akacije
- Voda
- 3 unce jednostavnog sirupa od stevije
- 1 šalica šećera
- 1/2 šalice limunske kiseline
- 6 unci svježe iscijeđenog soka od grejpa
- 1 šalica sode bikarbone

UPUTE:
- ☑ Izmjerite sve sastojke u zdjelu.
- ☑ Smjesu izradite rukama dok ne dobije pješčanu teksturu.
- ☑ Smjesu oblikujte u kuglice i stavite u kalup.
- ☑ Poslužite uz tekilu.

56. Breskve i krem bombe

IZRAĐUJE: 6 bombi

SASTOJCI:
LJUSKICE BRESKVE
- 1/2 šalice rastopljenog crvenog slatkiša
- 2 šalice gustog vrhnja
- 1 žličica vanilije
- 1/2 šalice ružičastog slatkiša rastopljenog
- 2 šalice žutih bombona topi se, rastopljeno
- Šlag
- 1/2 šalice narančastog bombona otopi se
- 1 šalica šećera u prahu

PUNJENJE
- 2 žlice maslaca
- 3 šalice breskvi, narezanih na kriške
- 1 mahune vanilije
- 1 čokoladni kolač, narezan na kriške

UPUTE
LJUSKICE BRESKVE:
- ☑ Upotrijebite crvene, narančaste i ružičaste otopine slatkiša za premazivanje i isticanje stranica okruglih silikonskih kalupa od 2 inča.
- ☑ Nakon što ostavite dvije minute da se stvrdne, dodajte žuti otopljeni slatkiš u obliku ljuske.
- ☑ Pustite da se smjesa djelomično stegne prije nego što okrenete kalupe i izlijete višak.
- ☑ Stavite u hladnjak na otprilike 10 minuta.

ŠLAG:
- ☑ Počnite miješati gusto vrhnje i šećer u zdjeli samostojećeg miksera.
- ☑ Mutiti dok se ne pojave čvrsti vrhovi.
- ☑ Pomiješajte s vanilijom.

PUNJENJE

- ☑ Pirjajte breskve i mahune vanilije na maslacu u tavi na srednjoj vatri dok ne počnu omekšavati.
- ☑ Pustite da se ohladi, a zatim žlicom dodajte malo nadjeva od breskvi u čokoladne kore, napunite ih do dvije trećine vrhnjem za šlag, a zatim na vrh dodajte "jamu" od čokoladnog kolača.
- ☑ Ostavite 15 minuta da se stegne u zamrzivač.
- ☑ Rastavite kalup.
- ☑ Pričvrstite dva dijela tako da ih pritisnete jedan uz drugi nakon što oko vanjske strane postavite ružičasti prsten za topljenje slatkiša.
- ☑ Stavite na 15 minuta.

57. Bombe od borovnice

IZRAĐUJE: 6 bombi

SASTOJCI:
BLUEBERRY GELEE:
- 1/4 šalice vode
- 1 1/2 šalice borovnica
- Paket želatine u prahu od 1/4 unce
- 1 žlica meda
- 2 žlice šećera
- 2 žličice svježeg soka od limuna

LJUSKA BOROVNICE
- 3 šalice plavih čokoladnih napolitanki, otopljenih

ŠLAG
- 2 šalice gustog vrhnja
- 1 šalica šećera u prahu
- 1 žličica vanilije

UPUTE
BLUEBERRY GELEE:
- ☑ Pospite želatinu u prahu vodom, pa ostavite pet minuta.
- ☑ Zakuhajte borovnice, med, šećer i limunov sok na srednjoj vatri u loncu.
- ☑ Kuhajte dok se šećer ne otopi.
- ☑ Dodajte vodu sa želatinom i miješajte oko 3 minute, ili dok se ne otopi.
- ☑ Ostavite da se malo ohladi prije izlijevanja u silikonske polukuglice.
- ☑ Ohladite 1 sat.

LJUSKA BOROVNICE:
- ☑ Dno i stranice silikonskih kalupa od dva inča napunite oblatnama od plave čokolade.
- ☑ Pustite da malo odstoji, a zatim okrenite kalupe naopako da izlijete višak.
- ☑ Stavite u hladnjak na otprilike 10 minuta.

ŠLAG:

- ☑ Pomiješajte šećer i gusto vrhnje.
- ☑ Dodajte vaniliju nakon što umutite vrhnje dok se ne formiraju čvrsti vrhovi.
- ☑ Stavite malo geleea od borovnica na šlag nakon što ste napunili čokoladne kore do dvije trećine.
- ☑ Stavite u zamrzivač na sat vremena.
- ☑ Rastavite kalup.
- ☑ Pričvrstite dva dijela tako da ih pritisnete jedan uz drugi nakon što oko vanjskog dijela oblijepite prsten od plave čokolade.
- ☑ Lagano pritisnite središnji vrh borovnice da oblikujete vrh borovnice tako što ćete umočiti kalup za kekse u obliku cvijeta u malo otopljene plave čokolade.
- ☑ Odmorite na sobnoj temperaturi 15 minuta.

58. Cucumber Mint Twist

PRAVI: 10 bombi

SASTOJCI:
- 1/4 šalice svježe iscijeđenog soka od limuna
- 1/2 unce jednostavnog sirupa od stevije
- Sirup od krastavaca
- Sirup od mente
- 1 šalica šećera
- 1/2 šalice limunske kiseline
- 1 šalica sode bikarbone
- 5 g gume akacije
- Voda

UPUTE:
- ☑ Izmjerite sve sastojke u zdjelu.
- ☑ Smjesu izradite rukama dok ne dobije pješčanu teksturu.
- ☑ Smjesu oblikujte u kuglice i stavite u kalup.
- ☑ Poslužite uz gin.

59. Svjetlucave bombice od šećerne vate

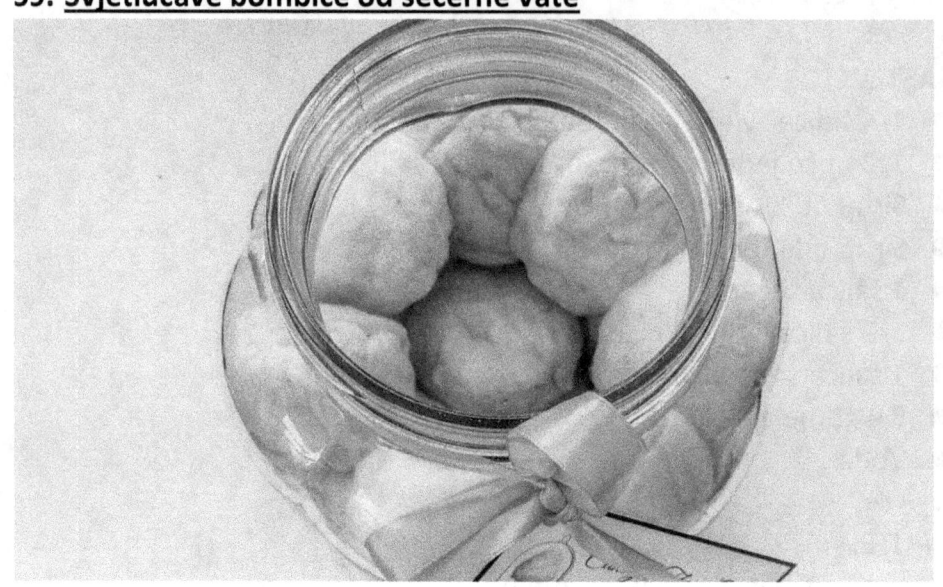

IZRAĐUJE: 1 bombu

SASTOJCI:
- Šećerna vuna
- Jestiva svjetlucava ili sjajna prašina

UPUTE:
- ☑ Uzmite šaku šećerne vune i napravite udubljenje u sredini.
- ☑ Pospite malo sjajne prašine u sredinu.
- ☑ Smotajte šećernu vunu u kuglu, zatvarajući sjajnu prašinu u sredini.
- ☑ Kada je spreman za upotrebu, stavite ga u čašu i prelijte omiljenim gaziranim pićem, gledajući kako se otapa.
- ☑ Promiješajte i uživajte.

60. Koolaid bombe

PRAVI: 20 bombi

SASTOJCI:
- 1/3 šalice sode bikarbone
- 1/4 šalice kukuruznog škroba
- 1/2 šalice šećera u prahu
- 1/4 šalice limunske kiseline
- 1-2 paketića Kool-Aid-a
- 1-2 paketića pop rocka
- voda
- prskalice

UPUTE:
- ☑ Pomiješajte sodu bikarbonu, kukuruzni škrob, šećer u prahu, limunsku kiselinu i Kool-Aid u posudi za miješanje.
- ☑ Rukama umiješajte vodu i sušite sastojke dok smjesa ne nalikuje pijesku.
- ☑ Ubacite nekoliko paketića pop kamenja i škropiva.
- ☑ Smjesu razvaljajte u kuglice i stavite u kalup.

61. Karamel bombone od jabuke

PRAVI: 3 bombe

SASTOJCI:
- Slani karamel bombon se topi, topi
- Paket mješavine pića Apple Cider

OPREMA:
- XL Silikonski kalup polusfere

UPUTE:
- ☑ Silikonske kalupe do pola napuniti otopljenom čokoladom.
- ☑ Ostavite u hladnjaku ili zamrznite 10-15 minuta ili dok se ne počnu lako uklanjati.
- ☑ Pažljivo izvadite čokoladu iz kalupa.
- ☑ U jednu čokoladnu polovicu dodajte mješavinu za piće od jabučnog cidera.
- ☑ U mikrovalnoj pećnici zagrijte tanjur oko 15 sekundi.
- ☑ Uzmite drugu polovicu čokolade, prepolovite je i otvoreni kraj stavite na par sekundi na ringlu da se čokolada otopi.
- ☑ Spojite dvije polovice čokoladica i zalijepite ih.
- ☑ Po vrhu prelijte otopljenu čokoladu i ostavite sa strane da se osuši.
- ☑ Stavite bombu od jabukovače na dno šalice i prelijte je s 6 unci kipuće vode.
- ☑ Dobro promiješati.

62. Bomba od šećerne vate

PRAVI: 10 bombi

SASTOJCI:
- 800 g šećera
- 240 ml kukuruznog sirupa
- 240 ml vode
- ¼ žličice soli
- 1 žličica ekstrakta maline
- 2 kapi prehrambene boje
- Sjajna prašina

UPUTE:
- ☑ Pomiješajte šećer, kukuruzni sirup, vodu i sol u velikom, teškom loncu na srednjoj vatri.
- ☑ Šećer miješajte dok se ne rastopi.
- ☑ Premjestite tekućinu u posudu otpornu na toplinu.
- ☑ Dobro promiješajte nakon dodavanja ekstrakta i prehrambene boje.
- ☑ Zamahnite pjenjačom naprijed-natrag držeći je iznad pergamenta tako da mali šećerni pramenovi padnu na papir. Ostavite da se ohladi.
- ☑ Uzmite hrpu šećerne vune i pospite malo sjajne prašine u sredinu.
- ☑ Od slatkiša oblikujte kuglu i u središte utisnite sjajnu prašinu.

63. Azalea bomba

PRAVI: 10 bombi

SASTOJCI:
- 3/4 unce soka od limete
- 3/4 unce soka od ananasa
- 4 crtice grenadina
- 1/2 šalice limunske kiseline
- 1 šalica sode bikarbone
- 5 g gume akacije
- Voda

UPUTE:
- ☑ Izmjerite sve sastojke u zdjelu.
- ☑ Smjesu izradite rukama dok ne dobije pješčanu teksturu.
- ☑ Smjesu oblikujte u kuglice i stavite u kalup.

64. Mango batida bomba

PRAVI: 10 bombi

SASTOJCI:
- 1/4 šalice soka od naranče
- 2 1/4 unce soka od manga
- 1/2 šalice limunske kiseline
- 1 šalica sode bikarbone
- 1 šalica šećera
- 5 g gume akacije
- Pinch Zlatni sjaj
- Voda

UPUTE:
- ☑ Izmjerite sve sastojke u zdjelu.
- ☑ Smjesu izradite rukama dok ne dobije pješčanu teksturu.
- ☑ Smjesu oblikujte u kuglice i stavite u kalup da se stegne.
- ☑ Izvadite kalup, a zatim ga pohranite u hladnjaku ili na pultu u hermetički zatvorenoj posudi.

65. Zamrznuta bomba od brusnice

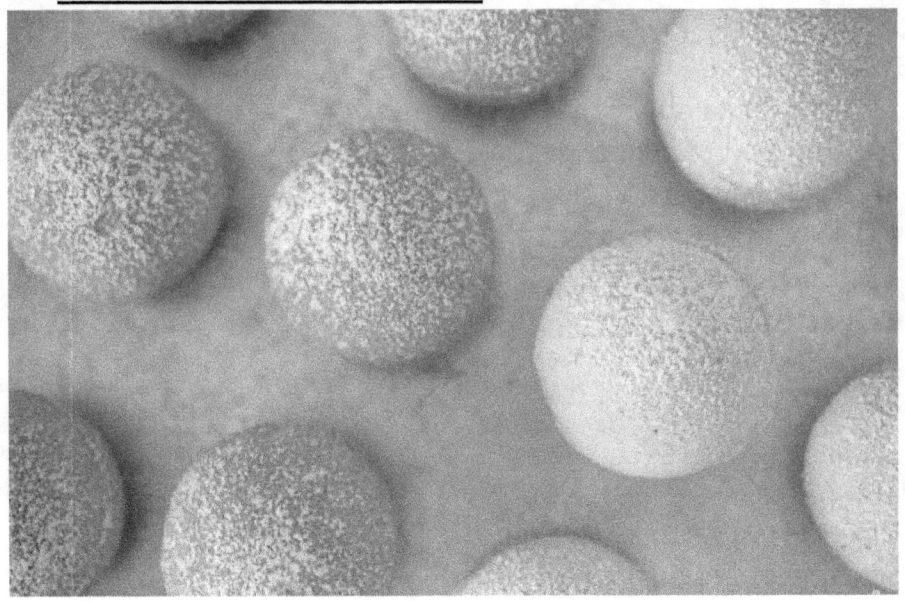

PRAVI: 10 bombi

SASTOJCI:
- 3/4 šalice soka od brusnice
- Ušećerene brusnice, umućene
- Voda
- 1/2 šalice limunske kiseline
- 1 šalica sode bikarbone
- 1 šalica šećera
- 5 g gume akacije
- Pinch Zlatni sjaj

UPUTE:
- ☑ Izmjerite sve sastojke u zdjelu.
- ☑ Smjesu izradite rukama dok ne dobije pješčanu teksturu.
- ☑ Smjesu oblikujte u kuglice i stavite u kalup da se stegne.
- ☑ Izvadite kalup, a zatim ga pohranite u hladnjaku ili na pultu u hermetički zatvorenoj posudi.

66. **Plava malina bomba**

PRAVI: 10 bombi

SASTOJCI:
- 2 unce limunade u prahu
- Voda
- 2 unce sirupa od malina
- 1/2 šalice limunske kiseline
- 1 šalica sode bikarbone
- 1 šalica šećera
- 5 g gume akacije
- Pinch Zlatni sjaj

UPUTE:
- ☑ U velikoj zdjeli za punč pomiješajte prah limunade i vodu dok se prah limunade ne otopi. Dodajte ostale sastojke.
- ☑ Smjesu izradite rukama dok ne dobije pješčanu teksturu.
- ☑ Od smjese praviti kuglice i staviti u kalup da se stegne.
- ☑ Izvadite kalup, a zatim ga pohranite u hladnjaku ili na pultu u hermetički zatvorenoj posudi.

67. Malina narančasta bomba

PRAVI: 10 bombi

SASTOJCI:
- 1/4 šalice sirupa od malina
- Sok od 1 limete
- Sok od 1 srednje naranče
- 1/2 šalice limunske kiseline
- 1 šalica sode bikarbone
- Voda
- 1 šalica šećera
- 5 g gume akacije

UPUTE:
- ☑ Izmjerite sve sastojke u zdjelu.
- ☑ Smjesu izradite rukama dok ne dobije pješčanu teksturu.
- ☑ Smjesu oblikujte u kuglice i stavite u kalup da se stegne.
- ☑ Izvadite kalup, a zatim ga pohranite u hladnjaku ili na pultu u hermetički zatvorenoj posudi.

68. Bomba od limuna

PRAVI: 10 bombi

SASTOJCI:
ZA LIMUN ŠEĆER
- Korica od 1 limuna
- 1/2 šalice granuliranog šećera

ZA BOMBU
- 1 ½ žlica jednostavnog sirupa
- Voda
- 1 šalica sode bikarbone
- Sok od 1/2 velikog limuna
- 1 šalica šećera
- 1/2 šalice limunske kiseline
- 5 g gume akacije

UPUTE:
- ☑ Dodajte šećer u tanjur i prstima utrljajte koricu u šećer dok ne postane mirisna i žuta.
- ☑ Dodajte sve sastojke u zdjelu.
- ☑ Smjesu izradite rukama dok ne dobije pješčanu teksturu.
- ☑ Smjesu oblikujte u kuglice i stavite u kalup da se stegne.
- ☑ Izvadite kalup, a zatim ga pohranite u hladnjaku ili na pultu u hermetički zatvorenoj posudi.

69. Kozmo bomba

PRAVI: 10 bombi

SASTOJCI:
- 10 ml soka od brusnice sa smanjenim udjelom šećera
- 1/2 šalice limunske kiseline
- 5 ml soka od naranče
- Voda
- 5 ml svježe iscijeđenog soka limete
- 1 šalica sode bikarbone
- 1 šalica šećera
- 5 g gume akacije

UPUTE:
- ☑ Izmjerite sve sastojke u zdjelu.
- ☑ Smjesu izradite rukama dok ne dobije pješčanu teksturu.
- ☑ Smjesu oblikujte u kuglice i stavite u kalup da se stegne.
- ☑ Izvadite kalup, a zatim ga pohranite u hladnjaku ili na pultu u hermetički zatvorenoj posudi.

70. Peacharita bomba

PRAVI: 10 bombi

SASTOJCI:
- ½ unce sirupa od agave
- 1-2 unce svježeg pirea od breskve
- Voda
- 1 šalica sode bikarbone
- ¾ unce svježe iscijeđenog soka limete
- 5 g gume akacije
- 1/2 šalice limunske kiseline
- 1 šalica šećera

UPUTE:
- ☑ Izmjerite sve sastojke u zdjelu.
- ☑ Smjesu izradite rukama dok ne dobije pješčanu teksturu.
- ☑ Smjesu oblikujte u kuglice i stavite u kalup da se stegne.
- ☑ Izvadite kalup, a zatim ga pohranite u hladnjaku ili na pultu u hermetički zatvorenoj posudi.

71. Passion Hurricane bomba

PRAVI: 10 bombi

SASTOJCI:
- 2 šalice soka od marakuje
- Voda
- 3/4 šalice soka od limete
- 3 žlice grenadina
- 1/2 šalice limunske kiseline
- 1 šalica plus 2 žlice šećera
- 1 šalica sode bikarbone
- 5 g gume akacije

UPUTE:
- ☑ Izmjerite sve sastojke u zdjelu.
- ☑ Smjesu izradite rukama dok ne dobije pješčanu teksturu.
- ☑ Smjesu oblikujte u kuglice i stavite u kalup da se stegne.
- ☑ Izvadite kalup, a zatim ga pohranite u hladnjaku ili na pultu u hermetički zatvorenoj posudi.

72. Bomba Michelada

PRAVI: 10 bombi

SASTOJCI:
- 6 crtica ljutog umaka
- 3 mrlje soja umaka
- 1-3 crtice Worcestershire umaka
- ¼-⅓ šalice soka od limete
- 1/2 šalice limunske kiseline
- 1 šalica sode bikarbone
- 1 šalica šećera
- 5 g gume akacije

UPUTE:
- ☑ Izmjerite sve sastojke u zdjelu.
- ☑ Smjesu izradite rukama dok ne dobije pješčanu teksturu.
- ☑ Smjesu oblikujte u kuglice i stavite u kalup da se stegne.
- ☑ Izvadite kalup, a zatim ga pohranite u hladnjaku ili na pultu u hermetički zatvorenoj posudi.

73. Zombi koktel bomba

PRAVI: 10 bombi

SASTOJCI:
- 1/2 šalice limunske kiseline
- 2 unce soka od papaje
- 2 unce soka od limete
- Voda
- 2 unce soka od ananasa
- 1 šalica sode bikarbone
- 1 šalica super finog šećera
- 5 g gume akacije

UPUTE:
- ☑ Izmjerite sve sastojke u zdjelu.
- ☑ Smjesu izradite rukama dok ne dobije pješčanu teksturu.
- ☑ Smjesu oblikujte u kuglice i stavite u kalup da se stegne.
- ☑ Izvadite kalup, a zatim ga pohranite u hladnjaku ili na pultu u hermetički zatvorenoj posudi.

74. Sazerac bomba

PRAVI: 10 bombi

SASTOJCI:
- 2 crtice Angostura bitera
- 3 žlice Peychaudovog bitera
- 1/2 šalice limunske kiseline
- 5 g gume akacije
- 1 šalica sode bikarbone
- Voda
- 1 šalica super finog šećera

UPUTE:
- ☑ Izmjerite sve sastojke u zdjelu.
- ☑ Smjesu izradite rukama dok ne dobije pješčanu teksturu.
- ☑ Smjesu oblikujte u kuglice i stavite u kalup da se stegne.
- ☑ Izvadite kalup, a zatim ga pohranite u hladnjaku ili na pultu u hermetički zatvorenoj posudi.

75. **Mango mazga**

PRAVI: 10 bombi

SASTOJCI:
- 6 unci sirupa od krastavaca
- 4 unce sirupa od meda
- 1,5 unce pirea od manga
- 1,5 unce svježeg soka od limete
- Voda
- 1/2 šalice limunske kiseline
- 1 šalica sode bikarbone
- 1 šalica super finog šećera
- 5 g gume akacije

UPUTE:
- ☑ Sirup od mutled krastavaca i meda.
- ☑ Dodajte pire od manga i sok od limete i snažno promiješajte.
- ☑ Dodajte sve ostale sastojke.
- ☑ Smjesu izradite rukama dok ne dobije pješčanu teksturu.
- ☑ Smjesu oblikujte u kuglice i stavite u kalup da se stegne.
- ☑ Izvadite kalup, a zatim ga pohranite u hladnjaku ili na pultu u hermetički zatvorenoj posudi.

76. Citrus Fizz

PRAVI: 10 bombi

SASTOJCI:
- 1,75 unci Seedlip Grove 42
- 0,75 unci organske marmelade cordial
- Voda
- 1/2 šalice limunske kiseline
- 1 šalica sode bikarbone
- 1 šalica super finog šećera
- 5 g gume akacije

UPUTE:
- ☑ Izmjerite sve sastojke u zdjelu.
- ☑ Smjesu izradite rukama dok ne dobije pješčanu teksturu.
- ☑ Smjesu oblikujte u kuglice i stavite u kalup da se stegne.
- ☑ Izvadite kalup, a zatim ga pohranite u hladnjaku ili na pultu u hermetički zatvorenoj posudi.

77. Virgin Cucumber Bomb

PRAVI: 10 bombi

SASTOJCI:
- 4 unce sirupa od krastavaca
- 1 šalica sode bikarbone
- 4 unce jednostavnog sirupa
- 1/2 šalice limunske kiseline
- 1 šalica super finog šećera
- 4 unce svježeg soka od limete
- Voda
- 5 g gume akacije

UPUTE:
- ☑ Izmjerite sve sastojke u zdjelu.
- ☑ Smjesu izradite rukama dok ne dobije pješčanu teksturu.
- ☑ Smjesu oblikujte u kuglice i stavite u kalup da se stegne.
- ☑ Izvadite kalup, a zatim ga pohranite u hladnjaku ili na pultu u hermetički zatvorenoj posudi.

78. Ritualna jabučna bomba

PRAVI: 10 bombi

SASTOJCI:
- 2 unce jabukovače ili soka od jabuke
- 1/2 šalice limunske kiseline
- 2 crtice bitera
- Voda
- Prstohvat cimeta u prahu
- 1 šalica sode bikarbone
- 1 šalica super finog šećera
- 5 g gume akacije

UPUTE:
- ☑ Izmjerite sve sastojke u zdjelu.
- ☑ Smjesu izradite rukama dok ne dobije pješčanu teksturu.
- ☑ Smjesu oblikujte u kuglice i stavite u kalup da se stegne.
- ☑ Izvadite kalup, a zatim ga pohranite u hladnjaku ili na pultu u hermetički zatvorenoj posudi.

79. Shirley Ginger

PRAVI: 10 bombi

SASTOJCI:
- 0,25 šalice grenadina
- Voda
- 3 žlice soka od limete
- 1 šalica sode bikarbone
- 3 žlice sirupa od đumbira
- 5 g gume akacije
- 1/2 šalice limunske kiseline
- 1 šalica super finog šećera

UPUTE:
- ☑ Izmjerite sve sastojke u zdjelu.
- ☑ Smjesu izradite rukama dok ne dobije pješčanu teksturu.
- ☑ Smjesu oblikujte u kuglice i stavite u kalup da se stegne.
- ☑ Izvadite kalup, a zatim ga pohranite u hladnjaku ili na pultu u hermetički zatvorenoj posudi.
- ☑ Uživajte uz čašu Lemon Lime Ginger Beer.

80. Margarita od lubenice

PRAVI: 10 bombi

SASTOJCI:
- 0,5 šalice soka od lubenice
- 0,5 šalice svježeg soka od limete
- 4 žličice agde
- Voda
- 1/2 šalice limunske kiseline
- 1 šalica sode bikarbone
- 1 šalica super finog šećera
- 5 g gume akacije

UPUTE:
- ☑ Izmjerite sve sastojke u zdjelu.
- ☑ Smjesu izradite rukama dok ne dobije pješčanu teksturu.
- ☑ Smjesu oblikujte u kuglice i stavite u kalup da se stegne.
- ☑ Izvadite kalup, a zatim ga pohranite u hladnjaku ili na pultu u hermetički zatvorenoj posudi.

81. Berry Burlesque

PRAVI: 10 bombi

SASTOJCI:
- 4 unce soka od limete
- 4 unce sirupa od meda
- 4 unce sirupa od metvice
- 2 unce pirea od crnog ribiza
- Voda
- 1/2 šalice limunske kiseline
- 1 šalica sode bikarbone
- 1 šalica super finog šećera
- 5 g gume akacije

UPUTE:
- ☑ Izmjerite sve sastojke u zdjelu.
- ☑ Smjesu izradite rukama dok ne dobije pješčanu teksturu.
- ☑ Smjesu oblikujte u kuglice i stavite u kalup da se stegne.
- ☑ Izvadite kalup, a zatim ga pohranite u hladnjaku ili na pultu u hermetički zatvorenoj posudi.
- ☑ Uživajte u pivu od đumbira
.

82. Limunada od lavande

PRAVI: 10 bombi

SASTOJCI:
- 6 šalica vode
- 0,5 šalice meda
- 5 žlica sušene lavande
- 1 šalica svježeg limunovog soka, procijeđenog
- 1/2 šalice limunske kiseline
- 1 šalica sode bikarbone
- 1 šalica super finog šećera
- 5 g gume akacije

UPUTE:
- ☑ Izmjerite sve sastojke u zdjelu.
- ☑ Smjesu izradite rukama dok ne dobije pješčanu teksturu.
- ☑ Smjesu oblikujte u kuglice i stavite u kalup da se stegne.
- ☑ Izvadite kalup, a zatim ga pohranite u hladnjaku ili na pultu u hermetički zatvorenoj posudi.

83. Rosemary Blueberry Smash

PRAVI: 10 bombi

SASTOJCI:
- 6 unci sirupa od borovnice
- 4 unce sirupa od meda
- 4 unce svježeg soka od limuna, procijeđenog
- Voda
- Prstohvat osušenog ružmarina
- 1/2 šalice limunske kiseline
- 1 šalica sode bikarbone
- 1 šalica super finog šećera
- 5 g gume akacije

UPUTE:
- ☑ Izmjerite sve sastojke u zdjelu.
- ☑ Smjesu izradite rukama dok ne dobije pješčanu teksturu.
- ☑ Smjesu oblikujte u kuglice i stavite u kalup da se stegne.
- ☑ Izvadite kalup, a zatim ga pohranite u hladnjaku ili na pultu u hermetički zatvorenoj posudi.

84. Bomba od kokosa, krastavca i mente

PRAVI: 10 bombi

SASTOJCI:
- 3 unce kokosove vode
- 3 unce sirupa od krastavaca
- 3 unce sirupa od metvice
- 0,5 šalice soka od limete
- Voda
- 1/2 šalice limunske kiseline
- 1 šalica sode bikarbone
- 1 šalica super finog šećera
- 5 g gume akacije

UPUTE:
- ☑ Izmjerite sve sastojke u zdjelu.
- ☑ Smjesu izradite rukama dok ne dobije pješčanu teksturu.
- ☑ Smjesu oblikujte u kuglice i stavite u kalup da se stegne.
- ☑ Izvadite kalup, a zatim ga pohranite u hladnjaku ili na pultu u hermetički zatvorenoj posudi.

85. Bomba od lubenice i mente

PRAVI: 10 bombi

SASTOJCI:
- Voda
- 1 žlica sirupa od lubenice
- 1 žlica soka od limete
- 1 žlica sirupa od mente
- 1 žlica jalapeño sirupa
- 1/2 šalice limunske kiseline
- 1 šalica sode bikarbone
- 1 šalica super finog šećera
- 5 g gume akacije

UPUTE:
- ☑ Izmjerite sve sastojke u zdjelu.
- ☑ Smjesu izradite rukama dok ne dobije pješčanu teksturu.
- ☑ Smjesu oblikujte u kuglice i stavite u kalup da se stegne.
- ☑ Izvadite kalup, a zatim ga pohranite u hladnjaku ili na pultu u hermetički zatvorenoj posudi.

86. Bomba od limunske trave i jasmina

PRAVI: 10 bombi

SASTOJCI:
- 1/4 šalice sirupa od limunske trave
- 1/4 šalice jednostavnog sirupa
- 1/4 šalice limuna
- 4 unce čaja od jasmina
- 2 unce soka od ličija
- Voda
- 1/2 šalice limunske kiseline
- 1 šalica sode bikarbone
- 1 šalica super finog šećera
- 5 g gume akacije

UPUTE:
- ☑ Izmjerite sve sastojke u zdjelu.
- ☑ Smjesu izradite rukama dok ne dobije pješčanu teksturu.
- ☑ Smjesu oblikujte u kuglice i stavite u kalup da se stegne.
- ☑ Izvadite kalup, a zatim ga pohranite u hladnjaku ili na pultu u hermetički zatvorenoj posudi.

87. Mojito od borovnice

PRAVI: 10 bombi

SASTOJCI:
- 2 unce sirupa od metvice
- 2 unce sirupa od borovnice
- 2 unce soka od limete
- 2 unce jednostavnog sirupa
- Voda
- 1/2 šalice limunske kiseline
- 1 šalica sode bikarbone
- 1 šalica super finog šećera
- 5 g gume akacije

UPUTE:
- ☑ Izmjerite sve sastojke u zdjelu.
- ☑ Smjesu izradite rukama dok ne dobije pješčanu teksturu.
- ☑ Smjesu oblikujte u kuglice i stavite u kalup da se stegne.
- ☑ Izvadite kalup, a zatim ga pohranite u hladnjaku ili na pultu u hermetički zatvorenoj posudi.

88. Djevica Paloma

PRAVI: 10 bombi

SASTOJCI:
- 3 unce soka od limete
- 3 unce soka od grejpa
- 3 unce sirupa od agave
- Voda
- Zdrav prstohvat morske soli
- 1/2 šalice limunske kiseline
- 1 šalica sode bikarbone
- 1 šalica super finog šećera
- 5 g gume akacije

UPUTE:
- ☑ Izmjerite sve sastojke u zdjelu.
- ☑ Smjesu izradite rukama dok ne dobije pješčanu teksturu.
- ☑ Smjesu oblikujte u kuglice i stavite u kalup da se stegne.
- ☑ Izvadite kalup, a zatim ga pohranite u hladnjaku ili na pultu u hermetički zatvorenoj posudi.

89. Wildcat hladnjak

PRAVI: 10 bombi

SASTOJCI:
- 1 šalica sirupa od borovnice
- Voda
- 1 šalica šećera
- 1 limun, iscijeđen
- 1/2 šalice limunske kiseline
- 1 šalica sode bikarbone
- 5 g gume akacije
- Pinch Zlatni sjaj

UPUTE:
- ☑ U velikom loncu pomiješajte borovnice, šećer i vodu. Pustite da prokuha.
- ☑ Kuhajte 15 minuta na slabijoj vatri.
- ☑ Upotrijebite fino sito da odvojite čestice soka od soka, a zatim krutine ostavite sa strane.
- ☑ Pomiješajte suhe sastojke u zdjeli, uključujući gumu akacije, sodu bikarbonu, šećer i limunsku kiselinu.
- ☑ Dodajte smjesu borovnica i vršcima prstiju izgnječite sastojke dok ne nalikuju pijesku.
- ☑ Od smjese oblikujte kuglice i stavite ih u kalup.

90. Pivska bomba od ananasa i đumbira

PRAVI: 10 bombi

SASTOJCI:
- Voda
- 1 šalica sode bikarbone
- 4 unce soka od ananasa
- 4 unce sirupa od đumbira
- 4 unce svježe iscijeđenog soka od limete
- 1/2 šalice limunske kiseline
- 1 šalica super finog šećera
- 5 g gume akacije

UPUTE:
- ☑ Izmjerite sve sastojke u zdjelu.
- ☑ Smjesu izradite rukama dok ne dobije pješčanu teksturu.
- ☑ Smjesu oblikujte u kuglice i stavite u kalup da se stegne.
- ☑ Izvadite kalup, a zatim ga pohranite u hladnjaku ili na pultu u hermetički zatvorenoj posudi.

91. Seedlip začin i tonik

PRAVI: 10 bombi

SASTOJCI:
- 2 unce Seedlip Spice 94
- Tonik sirup po ukusu
- Voda
- Prstohvat praha zvjezdastog anisa
- Prstohvat cimeta u prahu
- 1/2 šalice limunske kiseline
- 1 šalica sode bikarbone
- 1 šalica super finog šećera
- 5 g gume akacije

UPUTE:
- ☑ Izmjerite sve sastojke u zdjelu.
- ☑ Smjesu izradite rukama dok ne dobije pješčanu teksturu.
- ☑ Smjesu oblikujte u kuglice i stavite u kalup da se stegne.
- ☑ Izvadite kalup, a zatim ga pohranite u hladnjaku ili na pultu u hermetički zatvorenoj posudi.

92. Pineapple Cobbler

PRAVI: 10 bombi

SASTOJCI:
- 4 unce soka od jagoda
- 6 unci soka od ananasa
- 1/2 šalice limunske kiseline
- 2 unce soka od limete
- 1 šalica sode bikarbone
- 1 šalica super finog šećera
- Voda
- 5 g gume akacije

UPUTE:
- ☑ Izmjerite sve sastojke u zdjelu.
- ☑ Smjesu izradite rukama dok ne dobije pješčanu teksturu.
- ☑ Smjesu oblikujte u kuglice i stavite u kalup da se stegne.
- ☑ Izvadite kalup, a zatim ga pohranite u hladnjaku ili na pultu u hermetički zatvorenoj posudi.

93. Tahićanska kava

PRAVI: 10 bombi

SASTOJCI:
- 2 unce soka od limete
- 1 šalica sode bikarbone
- 1/4 šalice jednostavnog sirupa
- 1/4 šalice pirea od marakuje
- 2 unce koncentrata za hladno piće
- 3 unce sirupa od meda
- Voda
- 2 unce pirea od guave
- 1/2 šalice limunske kiseline
- 2 unce soka od naranče
- 1 šalica super finog šećera
- 5 g gume akacije

UPUTE:
- ☑ Izmjerite sve sastojke u zdjelu.
- ☑ Smjesu izradite rukama dok ne dobije pješčanu teksturu.
- ☑ Smjesu oblikujte u kuglice i stavite u kalup da se stegne.
- ☑ Izvadite kalup, a zatim ga pohranite u hladnjaku ili na pultu u hermetički zatvorenoj posudi.

94. Koljena pčele maline

PRAVI: 10 bombi

SASTOJCI:
- Filtrirana voda
- 4 unce limuna
- 4 unce meda
- 1/2 šalice limunske kiseline
- 4 unce sirupa od malina
- 1 šalica sode bikarbone
- 1 šalica super finog šećera
- 5 g gume akacije

UPUTE:
- ☑ Izmjerite sve sastojke u zdjelu.
- ☑ Smjesu izradite rukama dok ne dobije pješčanu teksturu.
- ☑ Smjesu oblikujte u kuglice i stavite u kalup da se stegne.
- ☑ Izvadite kalup, a zatim ga pohranite u hladnjaku ili na pultu u hermetički zatvorenoj posudi.

95. Pina Serrano Margarita

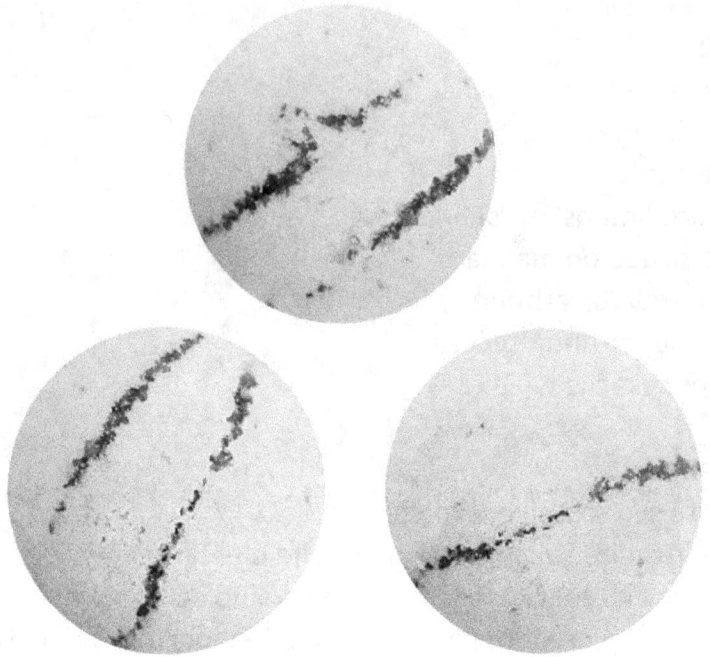

PRAVI: 10 bombi

SASTOJCI:
- 6 unci soka od ananasa
- 3 unce soka od limete
- Voda
- 3 unce jednostavnog sirupa
- Prstohvat praha Serrano čilija
- 1 šalica sode bikarbone
- 1 šalica super finog šećera
- 1/2 šalice limunske kiseline
- 5 g gume akacije

UPUTE:
- ☑ Izmjerite sve sastojke u zdjelu.
- ☑ Smjesu izradite rukama dok ne dobije pješčanu teksturu.
- ☑ Smjesu oblikujte u kuglice i stavite u kalup da se stegne.
- ☑ Izvadite kalup, a zatim ga pohranite u hladnjaku ili na pultu u hermetički zatvorenoj posudi.

96. Nopaloma bomba

PRAVI: 10 bombi

SASTOJCI:
- 6 unci svježe iscijeđenog soka od grejpa
- 1/2 šalice limunske kiseline
- 4 unce svježe iscijeđenog soka od limete
- 3 unce nektara agave
- Voda
- Prstohvat soli
- 1 šalica sode bikarbone
- 1 šalica super finog šećera
- 5 g gume akacije

UPUTE:
- ☑ Izmjerite sve sastojke u zdjelu.
- ☑ Smjesu izradite rukama dok ne dobije pješčanu teksturu.
- ☑ Smjesu oblikujte u kuglice i stavite u kalup da se stegne.
- ☑ Izvadite kalup, a zatim ga pohranite u hladnjaku ili na pultu u hermetički zatvorenoj posudi.

97. Revitalizacijska bomba

PRAVI: 10 bombi

SASTOJCI:
- 5 unci soka od mrkve
- Voda
- 5 g gume akacije
- 1 šalica sode bikarbone
- 8 unci soka od jabuke
- 1/4 šalice sirupa od đumbira
- 1/4 šalice soka od limete
- 1/2 šalice limunske kiseline
- 1 šalica super finog šećera

UPUTE:
- ☑ Izmjerite sve sastojke u zdjelu.
- ☑ Smjesu izradite rukama dok ne dobije pješčanu teksturu.
- ☑ Smjesu oblikujte u kuglice i stavite u kalup da se stegne.
- ☑ Izvadite kalup, a zatim ga pohranite u hladnjaku ili na pultu u hermetički zatvorenoj posudi.

98. Gazirana bomba Arnolda Palmera

Pravi: 10 bombi

SASTOJCI:
- ½ šalice ultrafinog čistog šećerne trske
- ½ šalice šećera u prahu
- 2 žličice sode bikarbone
- 1 ½ čajna žličica tekućeg vodenog pojačivača znojenja
- 1 ½ čajna žličica limunade tekući pojačivač vode
- 6 unci gazirane vode s limunom
- Dodajte kriške limuna, za ukras
- Kriške limuna, za ukras

OPREMA
- 2 male zdjelice
- 2 (1 žličica) mjere
- Tacna s rubom
- Led
- Staklo od 12 unci

UPUTE:
- ☑ Pomiješajte ultrafini šećer, šećer u prahu i sodu bikarbonu u maloj posudi. Stavite 2/3 šalice smjese u zdjelu; umiješajte u slatki čaj tekući pojačivač vode. U preostalu 1/3 šalice smjese umiješajte pojačivač vode od limunade. Obje smjese trebale bi nalikovati mokrom pijesku.
- ☑ Naizmjenično utisnite smjesu u 2 (1 čajna žličica) zaobljene mjerne žlice, ostavljajući malo viška na vrhu žlica. Okrenite jednu žlicu na drugu. Pritisnite žlice zajedno i lagano protresite.
- ☑ Izvadite jednu žlicu i okrenite bombu u svoju ruku. Uklonite preostalu žlicu i stavite bombu na pladanj s rubom. Ponovite s preostalom smjesom. Ostavite da se suši 4 sata prije posluživanja. Čuvati poklopljeno na sobnoj temperaturi do 2 dana.
- ☑ Za posluživanje pomiješajte gaziranu vodu s limunom u čaši od 12 unci. Dodajte 1 osušenu bombu; promiješajte da se dobro sjedini. Dodajte zdrobljeni led u čašu.

99. Prosecco Rose

PRAVI: 10 bombi

SASTOJCI:
- 8 unci ružine vodice
- 8 unci vode od cvijeta bazge
- 1 šalica sode bikarbone
- Uštipnite organske pupoljke bugarske ruže
- Uhvatite jestivu zlatnu prašinu od 24K
- 1/2 šalice limunske kiseline
- 1 šalica šećera
- 5 g gume akacije
- Voda

UPUTE:
- ☑ Izmjerite sve sastojke u zdjelu.
- ☑ Smjesu izradite rukama dok ne dobije pješčanu teksturu.
- ☑ Smjesu oblikujte u kuglice i stavite u kalup.
- ☑ Dobro ide uz pjenušac ili prosecco s malo gaziranog soka.

100. Bombe s voćnim napitcima

IZRAĐUJE: 6 bombi

SASTOJCI:
- 1 mala limenka voćnog koktela, narezanog na kockice
- 2 grama agara u prahu
- 1 žlica šećera
- 2 žličice soka od limuna
- 250 ml vode i voćni sirup
- Jagode, sitno narezane na kockice
- Kivi, sitno narezan na kockice
- Borovnice, sitno nasjeckane

UPUTE:
- ☑ U loncu pomiješajte agar u prahu, šećer, limunov sok, vodu i smjesu sirupa.
- ☑ Pustite da prokuha.
- ☑ Pirjati 2 minute.
- ☑ Ulijte u okrugle kalupe za led.
- ☑ Ubacite komadiće voća u kalupe i na vrh izlijte smjesu agara.
- ☑ Stavite poklopac kalupa na mjesto i ostavite u hladnjaku oko 1 sat.
- ☑ Stavite voćne bombice u pojedinačne čaše i poslužite uz pjenušac.

ZAKLJUČAK

Nadamo se da ste uživali u ovoj kolekciji recepata za bombe s vrućom čokoladom i da su unijeli malo radosti i topline u vaš život. Vruće čokoladne bombe nisu samo ukusne, već su i zabavne za izradu i dijeljenje s drugima, a nadamo se da ćete uživati u njihovoj izradi kao i mi.

Bez obzira volite li klasičnu mliječnu čokoladu ili jedinstvenije okuse poput paprene metvice, slane karamele ili crvenog baršuna, u ovoj kuharici postoji recept za svakoga. Uključili smo korak-po-korak upute i korisne savjete kako bismo osigurali da vaše vruće čokoladne bombe ispadnu savršeno svaki put.

Zahvaljujemo vam što ste odabrali kuharicu Najbolja kuharica s bombama od vruće čokoladeCookbook i nadamo se da će ovi recepti postati glavni u vašoj kuhinji tijekom hladnih zimskih mjeseci ili bilo kada kada vam je potrebno malo savjeta. Ne zaboravite podijeliti svoje kreacije s nama na društvenim medijima koristeći #hotchocolatebombs!

www.ingramcontent.com/pod-product-compliance
Lightning Source LLC
LaVergne TN
LVHW021710060526
838200LV00050B/2588